ختم نبوت

تفہیم القرآن، سورۂ احزاب کی تفسیر کا ضمیمہ

ابوالاعلیٰ مودودی

Khatm Nabuwwat *(Quran Commentary)*
by: Maulana Abul A'ala Maududi
Edition: July '2025
Publisher :
Taemeer Publications LLC (Michigan, USA / Hyderabad, India)

ISBN 978-93-6908-854-6

کتاب	:	**ختم نبوت** (ضمیمہ: تفسیر سورہ احزاب)
مصنف	:	**مولانا ابوالاعلیٰ مودودی**
صنف	:	مذہب
ناشر	:	تعمیر پبلی کیشنز (حیدرآباد، انڈیا)
سالِ اشاعت	:	۲۰۲۵ء
صفحات	:	۹۲
سرورق ڈیزائن	:	تعمیر ویب ڈیزائن

فہرست

ابتدائیہ 3

لُغت کی رُو سے خاتم النبیین کے معنی 5

ختمِ نبوّت کے بارے میں نبی صلی اللہ علیہ وآلہٖ وسلم کے ارشادات 10

صحابہؓ کرام کا اِجماع 24

تمام علمائے اُمّت کا اجماع 27

اب نبی کی آخر ضرورت کیا ہے؟ 44

نئی نبوّت اب اُمّت کے لیے رَحمت نہیں بلکہ لعنت ہے 48

''مسیح مَوعُود'' کی حقیقت 51

احادیث درباب نزولِ عیسیٰؑ 53

اِن احادیث سے کیا ثابت ہوتا ہے؟ 72

ابتدائیہ

ایک گروہ، جس نے اِس دور میں نئی نبوّت کا فتنۂ عظیم کھڑا کیا ہے، لفظ خَاتَم النَّبِیّین کے معنی "نبیوں کی مُہر" کرتا ہے اور اس کا مطلب یہ لیتا ہے کہ نبی صلی اللہ علیہ وآلہٖ وسلم کے بعد جو انبیاء بھی آئیں گے وہ آپؐ کی مُہر لگنے سے نبی بنیں گے، یا بالفاظ دیگر جب تک کسی کی نبوت پر آپؐ کی مُہر نہ لگے وہ نبی نہ ہو سکے گا۔

لیکن جس سلسلۂ بیان میں یہ آیت وارد ہوئی ہے اس کے اندر رکھ کر اسے دیکھا جائے تو اِس لفظ کا یہ مفہوم لینے کی قطعاً کوئی گنجائش نظر نہیں آتی، بلکہ اگر یہی اس کے معنی ہوں تو یہاں یہ لفظ بے محل ہی نہیں، مقصود کلام کے بھی خلاف ہو جاتا ہے (سلسلۂ بیان کو سمجھنے کے لیے اس سورہ کے حواشی نمبر ۶۷ تا ۷۹ نِگاہ میں رہنے چاہییں۔) آخر اس بات کا کیا تک ہے کہ اوپر سے تو نکاح زینبؓ پر معترضین کے اعتراضات اور ان کے پیدا کیے ہوئے شکوک وشبہات کا جواب دیا جا رہا ہو اور یکایک یہ بات کہہ ڈالی جائے کہ محمدؐ نبیوں کی مُہر ہیں، آئندہ جو نبی

بھی بنے گا، ان کی مُہر لگ کر بنے گا۔ اس سیاق و سباق میں یہ بات نہ صرف یہ کہ بالکل بے تکی ہے، بلکہ اس سے وہ استدلال اُلٹا کمزور ہو جاتا ہے جو اوپر سے معترضین کے جواب میں چلا آ رہا ہے۔ اِس صورت میں تو معترضین کے لیے یہ کہنے کا اچھا موقع تھا کہ آپ یہ کام اِس وقت نہ کرتے تو کوئی خطرہ نہ تھا۔ اِس رسم کو مٹانے کی ایسی ہی کچھ شدید ضرورت ہے تو آپ کے بعد آپ کی مُہر لگ کر جو انبیاء آتے رہیں گے اُن میں سے کوئی اسے مٹا دے گا۔

ایک دوسری تاویل اس گروہ نے یہ بھی کی ہے کہ ''خاتم النبیین'' کے معنی افضل النبیین کے ہیں، یعنی نبوت کا دروازہ تو کھُلا ہوا ہے، البتہ کمالاتِ نبوّت حضورؐ پر ختم ہو گئے ہیں۔ لیکن یہ مفہوم لینے میں بھی وہی قباحت ہے جو اوپر ہم نے بیان کی ہے۔ سیاق و سباق سے یہ مفہوم بھی کوئی مناسبت نہیں رکھتا، بلکہ اُلٹا اس کے خلاف پڑتا ہے۔ کفّار و منافقین کہہ سکتے تھے کہ حضرت، کم تر درجے کے ہی سہی۔ بہرحال آپ کے بعد بھی نبی آتے رہیں گے۔ پھر کیا ضرور تھا کہ اس رسم کو بھی آپ ہی مٹا کر تشریف لے جاتے۔

لُغت کی رُو سے خاتم النبیین کے معنی

پس جہاں تک سیاق و سباق کا تعلق ہے وہ قطعی طور پر اس امر کا تقاضا کرتا ہے کہ یہاں خاتم النبیّن کے معنی سلسلۂ نبوّت کو ختم کر دینے والے ہی کے لیے جائیں اور یہ سمجھا جائے کہ حضورؐ کے بعد کوئی نبی آنے والا نہیں ہے۔ لیکن یہ صرف سیاق ہی کا تقاضا نہیں ہے، لغت بھی اِسی معنی کی مقتضی ہے۔ عربی لغت اور محاورے کی رُو سے ''ختم'' کے معنی مُہر لگانے، بند کرنے، آخر تک پہنچ جانے، اور کسی کام کو پورا کر کے فارغ ہو جانے کے ہیں۔

خَتَمَ العَمَل کے معنی ہیں فَرَغَ مِنَ العَمَلِ ''کام سے فارغ ہو گیا۔''

خَتَمَ الاِنَاءَ کے معنی ہیں ''برتن کا منہ بند کر دیا اور اس پر مُہر لگا دی تاکہ نہ کوئی چیز اس میں سے نکلے اور نہ کچھ اس کے اندر داخل ہو''

خَتَمَ الكِتَابَ کے معنی ہیں ''خط بند کر کے اس پر مُہر لگا دی تا کہ خط محفوظ ہو جائے۔''

خَتَمَ عَلَى القَلبِ، ''دِل پر مُہر لگا دی کہ نہ کوئی بات اس کی سمجھ میں آئے، نہ پہلے سے جمی ہوئی کوئی بات اس میں سے نِکل سکے۔''

خِتَامُ كُلِّ مَشرُوبٍ، ''وہ مزا جو کسی چیز کو پینے کے بعد آخر میں محسوس ہوتا ہے۔''

خَاتِمَۃُ كُلِّ شَيئٍ عاقبتہ و اٰخرتہ، ہر چیز کے خاتمہ سے مراد ہے اس کی عاقبت اور آخرت۔''

خَتَمَ الشَّیء، بلغ اٰخرہ، ''کسی چیز کو ختم کرنے کا مطلب ہے اس کے آخر تک پہنچ جانا۔'' اسی معنی میں ختم قرآن بولتے ہیں اور اسی معنی میں سورتوں کی آخری آیات کو خواتیم کہا جاتا ہے۔

خَاتَمُ القَومِ، اٰخرھم، خاتم القوم سے مراد ہے قبیلے کا آخری آدمی''۔ (ملاحظہ ہو لسان العرب، قاموس اور قرب الموارد) (یہاں ہم نے لغت کی صرف تین کتابوں کا حوالہ دیا ہے۔ لیکن بات انہی تین کتابوں پر منحصر نہیں ہے۔ عربی

زبان کی کوئی معتبر لغت اٹھا کر دیکھ لی جائے، اس میں لفظ ''خاتم'' کی یہی تشریح ملے گی۔ لیکن منکرینِ ختمِ نبوت خدا کے دین میں نقب لگانے کے لیے لغت کو چھوڑ کر اس بات کا سہارا لینے کی کوشش کرتے ہیں کہ کسی شخص کو خاتم الشعراء، یا خاتم الفقہاء یا خاتم المفسّرین کہنے کا مطلب یہ نہیں ہوتا کہ جس شخص کو یہ لقب دیا گیا ہے اس کے بعد کوئی شاعر یا فقیہ یا مفسّر پیدا نہیں ہوا بلکہ اس کا مطلب یہ ہوتا ہے کہ اس فن کے کمالات اُس شخص پر ختم ہو گئے۔ حالانکہ مبالغے کے طور پر اس طرح کے القاب کا استعمال یہ معنی ہرگز نہیں رکھتا کہ لغت کے اعتبار سے خاتم کے اصل معنی ہی کامل یا افضل کے ہو جائیں اور آخری کے معنی میں یہ لفظ استعمال کرنا سرے سے غلط قرار پائے۔ یہ بات صرف وہی شخص کہہ سکتا ہے جو زبان کے قواعد سے ناواقف ہو۔ کسی زبان میں بھی یہ قاعدہ نہیں ہے کہ اگر کسی لفظ کو اس کے حقیقی معنی کے بجائے کبھی کبھی مجازاً کسی دوسرے معنی میں بولا جاتا ہو تو وہی معنی اس کے اصل معنی بن جائیں اور لغت کی رُو سے جو اس کے حقیقی معنی ہیں اُن میں اس کا استعمال ممنوع ہو جائے۔ آپ کسی عرب کے سامنے جب کہیں گے کہ جاءَ خاتَمُ القوم، تو وہ اس کا یہ مطلب ہرگز نہ لے گا کہ

قبیلے کا فاضل و کامل آدمی آگیا، بلکہ اس کا مطلب وہ یہی لے گا کہ پورا قبیلہ آگیا ہے حتیٰ کہ آخری آدمی جو رہ گیا تھا وہ بھی آگیا۔

اس کے ساتھ یہ بات بھی نگاہ میں رہنی چاہیے کہ خاتم الشعراء، خاتم الفقہاء اور خاتم المحدثین وغیرہ القاب جو بعض لوگوں کو دیے گئے ہیں ان کے دینے والے انسان تھے اور انسان کبھی یہ نہیں جان سکتا کہ جس شخص کو وہ کسی صفت کے اعتبار سے خاتم کہہ رہا ہے اس کے بعد پھر کوئی اس صفت کا حامل پیدا نہیں ہوگا۔ اسی وجہ سے انسانی کلام میں ان القاب کی حیثیت مبالغے اور اعترافِ کمال سے زیادہ کچھ ہو ہی نہیں سکتی لیکن جب اللہ تعالیٰ کسی شخص کے متعلق یہ کہہ دے کہ فلاں صفت اُس پر ختم ہوگئی تو کوئی وجہ نہیں کہ ہم اسے بھی انسانی کلام کی طرح مجازی کلام سمجھ لیں۔ اللہ نے اگر کسی کو خاتم الشعراء کہہ دیا ہوتا تو یقیناً اس کے بعد کوئی شاعر نہیں ہو سکتا تھا۔ اور اس نے جسے خاتم النبیّین کہہ دیا، غیر ممکن ہے کہ اس کے بعد کوئی نبی ہو سکے۔ اس لیے کہ اللہ عالم الغیب ہے اور انسان عالم الغیب نہیں ہیں۔ اللہ کا کسی کو خاتم النبیّین کہنا اور انسانوں کا کسی کو خاتم الشعراء اور خاتم الفقہاء وغیرہ کہہ دینا آخر ایک درجہ میں کیسے ہو سکتا ہے۔)

اس بنا پر تمام اہلِ لغت اور اہلِ تفسیر نے بالاتفاق خاتم النبیینؐ کے معنی آخر النبیینؐ کے لیے ہیں۔ عربی لُغت و محاورے کی رُو سے خاتم کے معنیٰ ڈاک خانے کی مُہر کے نہیں ہیں جسے لگا لگا کر خطوط جاری کیے جاتے ہیں، بلکہ اس سے مراد وہ مُہر ہے جو لفافے پر اس لیے لگائی جاتی ہے کہ نہ اس کے اندر سے کوئی چیز باہر نکلنے نہ باہر کی کوئی چیز اندر جائے۔

ختم نبوت کے بارے میں نبی ﷺ کے ارشادات

قرآن کے سیاق و سباق اور لغت کے لحاظ سے اس لفظ کا جو مفہوم ہے اسی کی تائید نبی ﷺ کی تشریحات کرتی ہیں۔ مثال کے طور پر چند صحیح ترین احادیث ہم یہاں نقل کرتے ہیں :

۱)۔ قال النبی ﷺ کانت بنو اسرائیل تسو سھم الانبیاء۔ کلماھلک نبی خلفہ نبی، و انہ لا نبی بعدی و سیکو زخلفاء (بخاری، کتاب المناقب، باب ماذکر عن بنی اسرائیل)

نبی ﷺ نے فرمایا : بنی اسرائیل کی قیادت انبیاء کیا کرتے تھے۔ جب کوئی نبی مرجاتا تو دوسرا نبی اس کا جانشین ہوتا۔ مگر میری بعد کوئی نبی نہ ہوگا۔ بلکہ خلفاء ہوں گے۔

۲)۔ قال النبی ﷺ ان مثلی و مثل الانبیاء من قبلی کمثل رجل بنیٰ بیتاً فاحسنہ و اجملہ الّا موضع لبنۃ من زاویۃٍ فھعل الناس یطوفون بہ و یعجبون لہ و یقولون ھلّا وُ ضِعَت ھٰذہ اللبنۃ، فانا اللبنۃ۔ و انا خاتم النبیّین (بخاری، کتاب المناقب، باب خاتم النبیّین)

نبی صلی اللہ علیہ وآلہ وسلم نے فرمایا: میری اور مجھ سے پہلے گزرے ہوئے انبیاء کی مثال ایسی ہے جیسی ایک شخص نے ایک عمارت بنائی اور خوب حسین و جمیل بنائی مگر ایک کونے میں ایک اینٹ کی جگہ چھوٹی ہوئی تھی۔ لوگ اس عمارت کے گرد پھرے اوراس کی خوبی پر اظہارِ حیرت کرتے تھے، مگر کہتے تھے کہ اس جگہ اینٹ کیوں نہ رکھی گئی؟ تو وہ اینٹ میں ہوں اور میں خاتم النبیین ہوں (یعنی میرے آنے پر نبوت کی عمر مکمل ہو چکی ہے، اب کوئی جگہ باقی نہیں ہے جسے پُر کرنے کے لیے کوئی آئے)

اسی مضمون کی چار حدیثیں مسلم، کتاب الفضائل، باب خاتم النبیین میں ہیں اور آخری حدیث میں یہ الفاظ زائد ہیں: فَجِعتُ فَختمت الانبیاء، ''پس میں آیا اور انبیاء کا سلسلہ ختم کر دیا۔''

یہی حدیث انہی الفاظ میں ترمذی، کتاب المناقب، باب فضل النبی، اور کتاب الآداب، باب الامثال میں ہے۔

مُسند ابو داؤد وطَیالِسی میں یہ حدیث جابر بن عبداللہ کی روایت کردہ احادیث کے سلسلے میں آئی ہے اور اس کے آخری الفاظ یہ ہیں : ختم بی الانبیاء، ''میرے ذریعہ سے انبیاء کا سلسلہ ختم کیا گیا۔''

مُسند احمد میں تھوڑے تھوڑے لفظی فرق کے ساتھ اس مضمون کی احادیث حضرت اُبَیّ بن کعبؓ، حضرت ابو سعد خُدرِیؓ اور حضرت ابوہریرہؓ سے نقل کی گئی ہیں۔

۳)۔ ان رسول اللہ صلی اللہ و سلم قال فُضِّلتُ علی الانبیَاء بستٍّ، اعطیت جوامع الکلم، و نصرت بالرعب و اُحلّت لی الغنائم و جعلت لی الارض مسجداً و طھوراً، و اُرسلتُا لی الخلق کانۃ، وختم بی النبیّون۔ (مسلم، ترمذی، ابن ماجہ)

رسول اللہ صلی اللہ علیہ وآلہ وسلم نے فرمایا : مجھے چھ باتوں میں انبیاء پر فضیلت دی گئی ہے ۱) مجھے جامع و مختصر بات کہنے کی صلاحیت دی گئی (۲) مجھے رعب کے ذریعہ سے

نُصرت بخشی گئی (۳) میرے لیے اموالِ غنیمت حلال کیے گیے (۴) میرے لیے زمین کو مسجد بھی بنا دیا گیا اور پاکیزگی حاصل کرنے کا ذریعہ بھی (یعنی میری شریعت میں نماز صرف مخصوص عبادت گاہوں میں ہی نہیں بلکہ روئے زمین پر ہر جگہ پڑھی جا سکتی ہے اور پانی نہ ملے تو میری شریعت میں تیمم کر کے وضو کے حاجت بھی پوری کی جا سکتی ہے اور غسل کی حاجت بھی) (۵) مجھے تمام دُنیا کے لیے رسول بنایا گیا (٦) اور میرے اوپر انبیاء کا سلسلہ ختم کر دیا گیا۔

۴)۔ قال رسول اللهﷺ انّ الرسالۃ و النبوۃ قد انقطعت فلا رسول بعدی و لا نبی (ترمذی، کتاب الرؤیا، باب ذہاب النبوۃ۔ مسند احمد، مرویّات انس بن مالکؓ)

رسول اللہ صلی اللہ علیہ وآلہ وسلم نے فرمایا: رسالت اور نبوّت کا سلسلہ ختم ہو گیا۔ میرے بعد اب نہ کوئی رسول ہے اور نہ نبی۔

۵)۔ قال النبیﷺ انا محمد، و انا احمد و انا الماحیٰ الذی یحشر الناس علی عقبی، وانا العاقب الذی لیس بعدہٗ نبی (بخاری و مسلم،

کتاب الفضائل، باب اسماء النبی۔ ترمذی، کتاب الآداب، باب اسماء النبی۔ مُوطّا، کتاب اسماء النبی۔ المستدرک للحاکم، کتاب التاریخ، باب اسماء النبی)

نبی صلی اللہ علیہ وآلہٖ وسلم نے فرمایا: میں محمدؐ ہوں میں احمدؐ ہوں۔ میں ماحی ہوں کہ میرے ذریعہ سے کفر محو کیا جائے گا۔ میں حاشر ہوں کہ میرے بعد لوگ حشر میں جمع کیے جائیں گے (یعنی میرے بعد اب جس قیامت ہی آنی ہے)۔ اور میں عاقب ہوں، اور عاقب وہ ہے جس کے بعد کوئی نبی نہ ہو۔

٦)۔ قال رسول اللہ علیہ و سلم ان اللہ لم یبعث نبیّاً الاحذر امبہ الدّجّال و انا أخر الانبیاء و انتم أخر الامم و ھو خارج فیکم لا محالۃ

(ابن ماجہ، کتاب الفتن، باب الدجّال)

رسول اللہ صلی اللہ علیہ وآلہٖ وسلم نے فرمایا: اللہ تعالیٰ نے کوئی نبی نہیں بھیجا جس نے اپنی اُمّت کو دجّال کے خروج سے نہ ڈرایا ہو (مگر اُن کے زمانے میں وہ نہ آیا) اب میں آخری نبی ہوں اور تم آخری امّت ہو۔ لامحالہ اب اس کو تمہارے اندر ہی نکلنا ہے۔

۷)۔عن عبد الرحمٰن بن جبیر قال سمعت عبد اللہ بن عمرو بن العاص یقول خرج علینا رسول اللہ ﷺ یوماً کالمودّع فقال انا محمّد النبی الامی ثلاثاً و لا نبی بعدی۔ (مسند احمد، مرویات عبداللہ بن عمرو بن العاص)

عبدالرحمٰن بن جُبَیر کہتے ہیں کہ میں نے عبداللہ بن عَمرو بن عاص کو یہ کہتے سُنا کہ ایک روز رسول اللہ صلی اللہ علیہ وآلہٖ وسلم اپنے مکان سے نکل کر ہمارے درمیان تشریف لائے اس انداز سے کہ گویا آپ ہم سے رخصت ہو رہے ہیں۔ آپؐ نے تین مرتبہ فرمایا: ''میں محمد نبی ہوں۔'' پھر فرمایا: اور میرے بعد کوئی نبی نہیں۔''

۸)۔قال رسول اللہ ﷺ لا نبوۃ بعد الاالمبشرات۔ قیل وما المبشرات یا رسول اللہَ؟ قال الرؤیا لحسنۃ۔ او قال الرؤیا الصالحۃ۔ (مُسند رسول اللہ صلی اللہ علیہ وآلہٖ وسلم نے فرمایا: ''میرے بعد کوئی نبوت نہیں ہے، صرف بشارت دینے والی باتیں ہیں'' عرض کیا گیا وہ بشارت دینے والی باتیں کیا ہیں یا رسول اللہ؟ فرمایا اچھا خواب یا فرمایا صالح خواب۔ (یعنی وحی کا اب کوئی امکان نہیں ہے۔ زیادہ سے زیادہ اگر کسی کو اللہ تعالیٰ کی طرف سے کوئی اشارہ ملے گا بھی تو بس اچھے خواب کے ذریعہ سے مل جائے گا)۔

۹)۔ قال النبیﷺ لو کان بعدی نبیّ لکان عمر بن الخطاب (ترمذی، کتاب المناقب)

نبی صلی اللہ علیہ وآلہ وسلم نے فرمایا میرے بعد اگر کوئی نبی ہوتا تو عمر بن الخطاب ہوتے۔

۱۰)۔ قال رسول اللہﷺ لعلیِّ انت منیّبمنزلۃ ھارون من موسیٰ، الا انہ لانبی بعدی (بخاری و مسلم، کتاب فضائل الصحابہ) رسول اللہ صلی اللہ علیہ وآلہ وسلم نے حضرت علیؓ سے فرمایا میرے ساتھ تمہاری نسبت وہی ہے جو موسیؑ کے ساتھ ہارون کی تھی، مگر میرے بعد کوئی نبی نہیں ہے۔

بخاری و مسلم نے یہ حدیث غزوۂ تبوک کے ذکر میں بھی نقل کی ہے۔ مُسند احمد میں اس مضمون کی دو حدیثیں حضرت سعد بن ابی وقاص سے روایت کی گئی ہیں جب میں سے ایک کا آخری فقرہ یوں ہے: الا انہ لا نبوۃ بعدی، ''مگر میرے بعد کوئی نبوت نہیں ہے۔'' ابو داؤد و طیالسی، امام احمد اور محمد بن اسحاق نے اس سلسلے میں جو تفصیلی روایات نقل کی ہیں ان سے معلوم ہوتا ہے کہ غزوۂ تبوک کے لیے تشریف لے جاتے وقت نبی صلی اللہ علیہ وآلہ وسلم نے حضرت علیؓ کو مدینہ طیّبہ کی حفاظت و نگرانی کے لیے اپنے پیچھے چھوڑنے کا فیصلہ فرمایا تھا۔ منافقین نے اس

پر طرح طرح کی باتیں ان کے بارے میں کہنی شروع کر دیں انہوں نے جا کر حضورؐ سے عرض کیا: ''یا رسول اللہ، کیا آپ مجھے عورتوں اور بچوں میں چھوڑے جا رہے ہیں''؟ اس موقع پر حضورؐ نے ان کو تسلی دیتے ہوئے فرمایا کہ ''تم میرے ساتھ وہی نسب رکھتے ہو جو موسیٰ کے ساتھ ہارون رکھتے تھے''۔ یعنی جس طرح حضرت موسیٰؑ نے کوہِ طور پر جاتے ہوئے حضرت ہارونؑ کو بنی اسرائیل کی نگرانی کے لیے پیچھے چھوڑا تھا اسی طرح میں تم کو مدینے کی حفاظت کے لیے چھوڑے جا رہا ہو۔ لیکن اس کے ساتھ ہی حضورؐ کو اندیشہ ہوا کہ حضرت ہارون کے ساتھ یہ تشبیہ کہیں بعد میں کسی فتنے کی موجب نہ بن جائے، اس لیے فوراً آپؐ نے یہ تصریح فرما دی کہ میرے بعد کوئی شخص نبی ہونے والا نہیں ہے۔

۱۱)۔ عن ثوبان قال رسول اللہ علیہ و سلم---------- وانہ سیکون فی اُمّتی کذابون ثلاثون کلھم یزعم انہ نبی و انا خاتم النبیین لا نبی بعدی۔ (ابوداؤد، کتاب الفتن)

۱۲)۔ قال اسل نبیﷺ لقود کان فیمن کانقلبکم من بنی اورائیل رجال یُکلّمون من غیران یکونوا انبیاء فان یکن من امتی احد بعمر۔

(بخاری، کتاب المناقب)

ثوبان سے روایت ہے کہ رسول اللہ علیہ وسلم نے فرمایا۔۔۔۔۔ اور یہ کہ میری امت میں تیس کذّاب ہوں گے جن میں سے ہر ایک نبی ہونے کا دعویٰ کرے گا، حالاں کہ میں خاتم النبیین ہوں، میرے بعد کوئی نبی نہیں۔

اسی مضمون کی ایک اور حدیث ابو داؤد نے کتاب الملاحم میں حضرت ابو ہریرہؓ سے روایت کی ہے۔ ترمذی نے بھی حضرت ثوبان اور حضرت ابو ہریرہؓ سے یہ دونوں روایتیں نقل کی ہیں اور دوسری روایت کے الفاظ یہ ہیں: حتی یبعث دجالون کذابون قریب من ثلا ثین کلھم یزعم انہ رسول اللہ، ''یہاں تک کہ اُٹھیں گے تیس کے قریب جھوٹے فریبی جن میں سے ہر ایک دعویٰ کرے گا وہ اللہ کا رسول ہے۔''

۱۲)۔ قال النبی ﷺ لقد کان نیمن کان قبلکم من بنی اسرائیل دجال یُکَلَّمون من غیران یکونوا انبیاء فان یکن من امتی احد نعمر۔ (بخاری، کتاب المناقب)

نبی صلی اللہ علیہ وآلہٖ وسلم نے فرمایا تم سے پہلے جو بنی اسرائیل گزرے ہیں ان میں ایسے لوگ ہوئے ہیں جن سے کلام کیا جاتا تھا بغیر اس کے کہ وہ نبی ہوں۔ میری امت میں اگر کوئی ہوا تو وہ عمرؓ ہوگا۔

مسلم میں اس مضمون کی جو حدیث ہے اس میں یکلّمون کے بجائے محدّثون کا لفظ ہے۔ لیکن مکلّم اور محدّث، دونوں کے معنی ایک ہی ہیں، یعنی ایسا شخص جو مکالمۂ الٰہی سے سرفراز ہونے والے بھی اس اُمّت میں اگر کوئی ہوتے تو وہ حضرت عمرؓ ہوتے۔

۱۳)۔ قال رسول اللہ علیہ و سلم لا نبی بعدی ولا امۃ بعدی امتی۔ (بکتاب الرؤیا۔ طبرانی بیہقی،)

رسول اللہ صلی اللہ علیہ وآلہٖ وسلم نے فرمایا: میرے بعد کوئی نبی نہیں اور میری اُمت کے بعد کوئی اُمّت (یعنی کسی نئے آنے والے نبی کی اُمّت) نہیں۔

۱۴)۔ قال رسول اللہ ﷺ بانی أخر الانبیاء و ان مساجد۔ (مسلم، کتاب الحج، باب فضل الصلوٰۃ بمسجد مکہ والمدینۃ)

رسول اللہ صلی اللہ علیہ وآلہ وسلم نے فرمایا: میں آخری نبی ہوں اور میری مسجد آخری مسجد (یعنی مسجدِ نبوی) ہے۔ (منکرینِ ختم نبوت اس حدیث سے یہ استدلال کرتے ہیں کہ جس طرح حضورؐ نے اپنی مسجد کو آخرُ المساجد فرمایا، حالانکہ وہ آخری مسجد نہیں ہے بلکہ اس کے بعد بھی بے شمار مسجدیں دُنیا میں بنی ہیں، اسی طرح جب آپؐ نے فرمایا کہ میں آخر الانبیاء ہوں تو اس کے معنی بھی یہی ہیں کہ آپؐ کے بعد نبی آتے رہیں گے، البتہ فضیلت کے اعتبار سے آپؐ آخری نبی ہیں اور آپؐ کی مسجد آخری مسجد ہے۔ لیکن درحقیقت اسی طرح کی تاویلیں یہ ثابت کرتی ہیں کہ یہ لوگ خدا اور رسول کے کلام کو سمجھنے کی اہلیت سے محروم ہو چکے ہیں۔ صحیح مسلم کے جس مقام پر یہ حدیث وارد ہوئی ہے اس کے سلسلے کی تمام احادیث کو ایک نظر ہی آدمی دیکھ لے تو اسے معلوم ہو جائے گا کہ حضورؐ نے اپنی مسجد کس میں فرمایا ہے۔ اس مقام پر حضرت ابو ہریرۃؓ، حضرت عبد اللہ بن عمرؓ، اور امّ المومنین حضرت میمونہؓ، کے حوالہ سے جو روایات امام مسلم نے نقل کی ہیں ان میں بتایا گیا ہے کہ دُنیا میں صرف تین مساجد ایسی ہیں جن کو عام مساجد پر فضیلت حاصل ہے، جن میں نماز پڑھنا دوسری مساجد میں نماز پڑھنے سے ہزار گنا زیادہ ثواب رکھتا ہے۔ اور اسے بنا پر صرف انھی تین مسجدوں میں نماز پڑھنے کے

لیے سفر کر کے جانا جائز ہے، باقی کسی مسجد کا یہ حق نہیں ہے کہ آدمی دوسری مسجدوں کو چھوڑ کر خاص طور پر اُس میں نماز پڑھنے کے لیے سفر کرے۔ ان میں سے پہلے مسجد الحرام ہے جسے حضرت ابراہیم علیہ السلام نے بنایا تھا۔ دوسرے مسجد، مسجد اقصیٰ ہے جسے حضرت سلیمان علیہ السلام نے تعمیر کیا۔ اور تیسری مسجد، مدینۂ طیّبہ کی مسجد نبوی ہے جس کی بنیاد حضورؐ نبی اکرم ﷺ نے رکھی۔ حضورؐ کے ارشاد کا منشا یہ ہے کہ اب چونکہ میرے بعد کوئی نبی آنے والا نہیں ہے، اس لیے میری اس مسجد کے بعد دُنیا میں کوئی چوتھی مسجد ایسی بننے والی نہیں ہے جس میں نماز پڑھنے کا ثواب دوسری مسجدوں سے زیادہ ہو اور جس کی طرف نماز کی غرض سے سفر کر کی جانا درست ہو۔

یہ احادیث بکثرت صحابہؓ نے نبی ﷺ سے روایت کی ہیں اور بکثرت محدثین نے ان کو بہت سی قوی سندوں سے نقل کیا ہے۔ ان کے مطالعہ سے صاف معلوم ہوتا ہے کہ حضورؐ نے مختلف مواقع پر، مختلف طریقوں سے، مختلف الفاظ میں اس امر کی تصریح فرمائی ہے کہ آپؐ آخری نبی ہیں، آپ کے بعد کوئی نبی آنے والا نہیں ہے، نبوت کا سلسلہ آپؐ پر ختم ہو چکا ہے اور آپؐ کے بعد جو بھی رسول یا نبی ہونے کا دعویٰ کریں وہ دجال و کذّاب ہیں ا) (منکرینِ ختمِ نبوت

رسول اللہ صلی اللہ علیہ وآلہ وسلم کے ان ارشادات کے مقابلے میں اگر کوئی چیز پیش کرتے ہیں تو وہ یہ روایت ہے کہ حضرت عائشہؓ نے فرمایا قولوا انہ خاتم الانبیاء ولا تقولوا لا نبی بعدہٗ۔ ''یہ تو کہو کہ حضورؐ خاتم الانبیاء ہیں مگر یہ نہ کہو کہ آپؐ کے بعد کوئی نبی نہیں۔'' لیکن اوّل تو حضورؐ کے صاف صاف ارشادات کے مقابلہ میں حضرت عائشہؓ کے کسی قول کو پیش کرنا ہی سخت گستاخی و بے ادبی ہے اس پر مزید یہ کہ حضرت عائشہؓ کی طرف جس روایت میں یہ قول منسوب کیا گیا ہے وہ بجائے خود غیر مستند ہے۔ اسے حدیث کی کسی معتبر کتاب میں کسی قابل ذکر محدّث نے نقل نہیں کیا ہے۔ تفسیر کی ایک کتاب دُر منشور اور لغتِ حدیث کی ایک کتاب تکملہ مجمع سے اس کو نقل کیا جاتا ہے، مگر اس کی سند کا کچھ پتہ نہیں ملتا۔ ایسی ضعیف ترین روایت اور وہ بھی ایک صحابیہ کی قول کو لا کر نبی اکرم صلی اللہ علیہ وآلہ وسلم کے اُن ارشادات کے مقابلہ میں پیش کیا جاتا ہے جنہیں تمام اکابر محدثین نے صحیح سندوں کے ساتھ نقل کیا ہے۔) قرآن کے الفاظ ''خاتم النبیین'' کی اس کے زیادہ مستند و معتبر اور قطعی الثبوت تشریح اور کیا ہو سکتی ہے۔ رسول پاکؐ کا ارشاد تو بجائے خود سند و حجت ہے۔ مگر جب وہ قرآن کی ایک نص کی شرح کر رہا ہو تب تو وہ اور بھی زیادہ قوی حجت بن جاتا ہے۔ اب

سوال یہ ہے کہ محمد رسول اللہ صلی اللہ علیہ وآلہٖ وسلم سے بڑھ کر قرآن کو سمجھنے والا اور اس کی تفسیر کا حق دار اور کون ہو سکتا ہے کہ وہ ختمِ نبوت کا کوئی دوسرا مفہوم بیان کرے اور ہم اسے قبول کرنا کیا معنی قابل التفات بھی سمجھیں؟

صحابہ کرام کا اِجماع

قرآن و سنت کے بعد تیسرے درجے میں صحابہ کرام کے اجماع کی ہے۔ یہ بات تمام معتبر تاریخی روایات سے ثابت ہے کہ نبی ﷺ کی وفات کے فوراً بعد جن لوگوں نے نبوت کا دعویٰ کیا، اور جن لوگوں نے ان کی نبوت تسلیم کی، اُن سب کے خلاف صحابہ کرام نے بالاتفاق جنگ کی تھی۔

اس سلسلے میں خصوصیّت کے ساتھ مُسَیلمہ کذّاب کا معاملہ قابلِ ذکر ہے۔ یہ شخص نبی ﷺ کی نبوت کا منکر نہ تھا بلکہ اس کا دعویٰ یہ تھا کہ اُسے حضورؐ کے ساتھ شریکِ نبوت بنایا گیا ہے۔ اُس نے حضورؐ کی وفات سے پہلے جو عریضہ آپؐ کو لکھا تھا اس کے الفاظ یہ ہیں :

من مُسَیلمۃ رسول اللہ الیٰ محمدٍ رسول اللہ سلام علیک فانی أُشرِکتُ فی الامر معک (طَبری، جلد دوم، ص ۳۹۹، طبع مصر)

مُسیلمہ رسول اللہ کی طرف سے محمد رسول اللہ کی طرف۔ آپ پر سلام ہو۔ آپ کو معلوم ہو کہ میں آپ کے ساتھ نبوت کے کام میں شریک کیا گیا ہوں۔

علاوہ بریں مؤرخ طَبری نے یہ روایت بھی بیان کی ہے کہ مُسیلمہ کے ہاں جو اذاں دی جاتی تھی اس میں اشھد انّ محمّداً رسول اللہ کے الفاظ بھی کہے جاتے تھے۔ اس صریح اقرارِ رسالتِ محمدؐی کے باوجود اسے کافر اور خارج از ملت قرار دیا گیا اور اس سے جنگ کی گئی۔ تاریخ سے یہ بھی ثابت ہے کہ بنو حنِیفیہ نیک نیتی کے ساتھ (In good faith) اُس پر ایمان لائے تھے اور انہیں واقعی اس غلط فہمی میں ڈالا گیا تھا کہ محمد رسول اللہ صلی اللہ علیہ وآلہ وسلم نے اس کے خود شریکِ رسالت کیا ہے۔ نیز قرآن کی آیات کو اُن کے سامنے مُسیلمہ پر نازل شدہ آیات کی حیثیت سے ایک ایسے شخص نے پیش کیا تھا جو مدینۂ طیّبہ سے قرآن کی تعلیم حاصل کر کے گیا تھا (البِدایۃ والنِہایۃ لابن کثیر، جلد ۵، ص ۵۱)۔ مگر اس کے باوجود صحابۂ کرام نے ان کو مسلمان تسلیم نہیں کیا اور ان پر فوج کشی کی۔ پھر یہ کہنے کی بھی گنجائش نہیں کہ صحابہ نے ان کے خلاف ارتداد کی بنا پر نہیں بلکہ بغاوت کے جرم میں جنگ کی تھی۔ اسلامی قانون کی رُو سے باغی مسلمانوں کے خلاف اگر جنگ کی نوبت آئے تو ان کے اسیرانِ جنگ غلام نہیں بنائے جا

سکتے، بلکہ مسلمان تو درکنار، ذمّی بھی اگر باغی ہوں تو گرفتار ہونے کے بعد ان کو غلام بنانا جائز نہیں ہے۔ لیکن مُسیلمہ اوراس کے پیرووں پر جب چڑھائی کی گئی تو حضرت ابو بکرؓ نے اعلان فرمایا کہ اُن کی عورتوں اور بچوں کو غلام بنایا جائے گا۔ اور جب وہ لوگ اسیر ہوئے تو فی الواقع ان کو غلام بنایا گیا۔ چنانچہ انھی میں سے ایک لونڈی حضرت علیؓ کے حصّے میں آئی جس کے بطن سے تاریخ اسلام کی مشہور شخصیّت محمد بن حَنَفیہ (حنفیہ سے مراد ہے قبیلہٴ بنو حنیفہ کی عورت) نے جنم لیا (البِدایہ والنہایہ، جلد۶، ص ۳۱۶، ۳۲۵)۔ اس سے یہ بات بالکل واضح ہو جاتی ہے کہ صحابہؓ نے جس جُرم کی بنا پر ان سے جنگ کی تھی وہ بغاوت کا جرم نہ تھا بلکہ یہ جرم تھا کہ ایک شخص نے محمد صلی اللہ علیہ وآلہٖ وسلم کے بعد نبوت کا دعویٰ کیا اور دوسرے لوگ اس کی نبوت پر ایمان لائے۔ یہ کارروائی حضورؐ کی وفات کے فوراً بعد ہوئی ہے، ابو بکرؓ کی قیادت میں ہوئی ہے، اور صحابہ کی پوری جماعت کے اتفاق سے ہوئی ہے۔ اجماع صحابہ کی اس سے زیادہ صریح مثال شاید ہی کوئی اور ہو۔

تمام علمائے اُمت کا اجماع

اجماع صحابہ کے بعد چوتھے نمبر پر مسائل دین میں جو چیز کو حجت کی حیثیت حاصل ہے وہ دور صحابہ کے بعد کے علمائے اُمت کا اجماع ہے۔ اس لحاظ سے جب ہم یہ دیکھتے ہیں تو ہمیں معلوم ہوتا ہے کہ پہلی صدی سے لے کر آج تک ہر زمانے کے، اور پوری دنیائے اسلام میں ہر ملک کے علماء اس عقیدے پر متفق ہیں کہ محمد صلی اللہ علیہ وآلہٖ وسلم کے بعد کوئی شخص نبی نہیں ہو سکتا، اور یہ کہ جو بھی آپؐ کے بعد اس منصب کا دعویٰ کرے، یا اس کو مانے، وہ کافر خارج از ملّت اسلام ہے۔ اس سلسلہ کے بھی چند شواہد ملاحظہ ہوں:

۱۔ امام ابو حنیفہؒ (۸۰ھ۔ ۱۵۰ھ) کے زمانے میں ایک شخص نے نبوت کا دعویٰ کیا اور کہا "مجھے موقع دو کہ میں اپنی نبوت کی علامات پیش کروں۔" اس پر امامِ اعظمؒ نے فرمایا کہ "جو شخص اس سے نبوت کی کوئی علامت طلب کرے گا وہ بھی کافر ہو جائے گا کیونکہ رسول اللہ صلی اللہ علیہ وآلہٖ وسلم فرما چکے ہیں کہ "لا نبی بعدی" (مناقب الامام الاعظم ابی حنیفہ لابن احمد المکی، ج ۱۔ ص ۱۶۱۔ مطبوعہ حیدر آباد ۱۳۲۱ھ)

۲۔ علاّمہ ابن جَرِیر طَبری (۲۲۴ھ۔ ۳۱۰ھ) اپنی مشہور تفسیر قرآن میں آیت وَ لٰکِن رَّسُولِ اللهِ وَ خَاتَمَ النَّبِیّنَ کا مطلب بیان کرتے ہیں : الذی ختم النبوة فطبع علیھا فلا تفتح لاحد بعدہٗ الیٰ قیام الساعۃ۔ جس نے نبوت کو ختم کردیا اوراس پر مُہر لگادی، اب قیامت تک یہ دروازہ کسی کے لئے نہیں کھلے گا'' (تفسیر ابنِ جریر، جلد ۲۲، صفحہ ۱۲)

۳۔ امام طَحاوِی (۲۳۹ھ۔ ۳۲۱ھ) اپنی کتاب ''عقیدۂ سلفیہ'' میں سلف صالحین، اور خصوصاً امام ابو حنیفہ، امام ابو یوسف اور امام محمد رحمھم اللہ کے عقائد بیان کرتے ہوئے نبوت کے بارے یہ عقیدہ تحریر فرماتے ہیں : ''اور یہ کہ محمد ﷺ اللہ کے برگزیدہ بندے، چیدہ نبی اور پسندیدہ رسول ہیں اور وہ خاتم الانبیاء، امام الاتقیا، سیّد المرسلین اور حِبیب ربّ العالمین ہیں، اور ان کے بعد نبوت کا ہر دعویٰ گمراہی اور خواہشِ نفس کی بندگی ہے۔'' (شرح الطحاویہ فی العقیدۃ السلفیہ، دارالمعارف مصر، صفحات ۱۵، ۸۷، ۹۶، ۱۰۰، ۱۰۲)

۴۔ علاّمہ ابن حَزُم اندَلُسی (۳۸۴ھ۔ ۴۵۶ھ) لکھتے ہیں : ''یقیناً وحی کا سلسلہ نبی ﷺ کی وفات کے بعد منقطع ہوچکا ہے۔ دلیل اس کی یہ ہے کہ وحی نہیں

ہوتی مگر ایک نبی کی طرف، اور اللہ عزّوجلّ فرما چکا ہے کہ محمدؐ نہیں ہیں تمہارے مردوں میں سے کسی کے باپ، مگر وہ اللہ کے رسول اور نبیوں کے خاتم ہیں۔''
(المحلّٰی، ج ۱، ص ۲۶)

۵۔ امام غزّالی (۴۵۰ھ۔ ۵۰۵ھ) فرماتے ہیں (امام غزالیؒ کی اس رائے کو ہم ان کی اصل عبارت کے ساتھ اس لیے نقل کر رہے ہیں کہ منکرینِ ختم نبوت نے اس حوالے کی صحت کو بڑے زور شور سے چیلنج کیا ہے۔)

لو فتح ھٰذا الباب (ای باب انکا رکون الاجماع حجۃ) انجرالی امور شنیعۃ و ھو ان قائلا لو قال یجوز ان یبعث رسول بعد نبینا محمّد ﷺ فیبعد التوقف فی تکفیرہ، و مستبعد استحلۃ ذالک عند البحث تستمد من الاجماع لا محالۃ، فان العقل لا یحیلہ، و ما نقل فیہ من قولہ لا نبی بعدی، و من قولہ تعالیٰ خاتم النبیّین، فلا یعجز ھٰذا القائل عن تاویلہ، فیقول خاتم النبیّین اراد بہ اولو العزم من الرسل، فان قالوا النبیّن عام، فلا یبعد تخصیص العام، و قولہ لا نبی بعدی لم یرد بہ الرسول و فرق بین النبی و الرسول و النبی اعلیٰ مرتبۃ من الرسول الیٰ غیر ذالک من انواع الھذیان، فھٰذا و امثالہ لا یمکن ان ندعی استحالتہٗ من حیث مضرد اللفظ، فانا فی تاویل ظواھر التشبیہ قضینا باحتمالات ابعد من ھٰذہٖ، و لم یکن ذالک

مبطلاً للنصوص، و لكن الرد على هٰذا القائل ان الامۃ نهمت بالاجماع من هٰذا اللفظ و من قوائن احوالہ انہ الهم عدم نبی بعدہٗ ابداً وعدم رسول الله ابداً وانّہ ليس فيہ تاويل ولا تخصيص فمنكر هٰذا لا يكون الامنكر الاجماع

(الاقتصاد فی الاعتقاد، المطبعۃ الادبیہ، مصر، ص ۱۱۴)

اگر یہ دروازہ (یعنی اجماع کو حجت ماننے سے انکار کا دروازہ) کھول دیا جائے تو بڑی قبیح باتوں تک نوبت پہنچ جاتی ہے۔ مثلاً اگر کہنے والا کہے کہ بعثت ممکن ہے تو اس کی تکفیر میں تامّل نہیں کیا جا سکتا۔ لیکن بحث کے موقع پر جو شخص اس کی تکفیر میں تامّل کو ناجائز ثابت کرنا چاہتے ہو اسے لامحالہ اجماع سے مدد لینی پڑے گی۔ کیونکہ عقل اس کے عدم جواز کا فیصلہ نہیں کرتی۔ اور جہاں تک نقل کا تعلق ہے اس عقیدے کا قائل لانبی بعدی اور خاتم النبیّین کی تاویل کرنے سے عاجز نہ ہو گا۔ وہ کہے گا کہ خاتم النبیین سے مراد اولوالعزم رسولوں کا خاتم ہونا ہے۔ اور اگر کہا جائے کہ نبیین کا لفظ عام ہے تو عام کو خاص قرار دے دینا اس کے لیے کچھ مشکل نہ ہو گا۔ اور لانبی بعدی کے متعلق وہ کہہ دے گا کہ لارسول بعدی تو نہیں کہا گیا ہے، رسول اور نبی میں فرق ہے، اور نبی کا مرتبہ رسول سے بلند تر ہے۔

اور غرض اس طرح کے اعتبار سے ایسی تاویلات کو ہم محال نہیں سمجھتے، بلکہ ظواہرِ تشبیہ کی تاویل میں ہم اس سے بھی زیادہ بعید احتمالات کی گنجائش مانتے ہیں اوراس طرح کی تاویلیں کرنے والے کے متعلق ہم یہ بھی نہیں کہہ سکتے کہ وہ نصوص کا انکار کررہا ہے۔ لیکن اس قول کے قائل کی تردید میں ہم یہ کہیں گے کہ اُمت نے بالاتفاق اس لفظ (یعنی لانبی بعدی) سے اور نبی صلی اللہ علیہ وآلہ وسلم کے قرائنِ احوال سے یہ سمجھا ہے کہ حضورؐ کا مطلب یہ تھا کہ آپ کے بعد کبھی نہ کوئی نبی آئے گا نہ رسول۔ نیز امت کا اس پر بھی اتفاق ہے کہ اس میں کسی تاویل اور تخصیص کی گنجائش نہیں ہے۔ لہٰذا ایسے شخص کو منکرِ اجماع کے سوااور کچھ نہیں کہا جا سکتا۔

۶۔ محی السُنَّۃ بَغَوی (متوفی ۵۱۰ھ) اپنی تفسیر معالم التنزیل میں لکھتے ہیں، ''اللہ نے آپؐ کے ذریعہ سے نبوت کو ختم کیا، پس آپؐ انبیاء کے خاتم ہیں.........اور ابن عباس کا قول ہے کہ اللہ تعالیٰ نے (اِس آیت میں) یہ فیصلہ فرما دیا ہے کہ نبی صلی اللہ علیہ وآلہ وسلم کے بعد کوئی نبی نہ ہو گا۔'' (جلد۳، ص۱۵۸)

۷۔ علامہ زَمَخشَری (۴۶۷ھ۔۵۳۸ھ) تفسیر کشّاف میں لکھتے ہیں : ''ہیں اگر تم کہو کہ نبی صلی اللہ علیہ وآلہ وسلم آخری نبی کیسے ہوئے جبکہ حضرت عیسیٰؑ آخر زمانے میں نازل ہوں

گے؟ تو میں کہوں گا کہ آپؐ کا آخری نبی ہونا اس معنی میں ہے کہ بعد کوئی شخص نبی نہ بنایا جائے گا، اور عیسیٰ علیہ السلام اُن لوگوں میں سے ہیں جو آپ سے پہلے نبی بنائے جاچکے تھے، اور جب وہ نازل ہوں گے تو شریعت محمدیہ کے پیرو اور آپؐ کے قبیلے کی طرف نماز پڑھنے والے کی حیثیت سے نازل ہوں گے گویا کہ وہ آپؐ ہی کی امت کے ایک فرد ہیں''۔ (جلد ۲، ص ۲۱۵)

۸۔ قاضی عیاض (متوفی ۵۴۴ھ) لکھتے ہیں: ''جو شخص خود اپنے حق میں نبوت کا دعویٰ کرے، یا اس بات کو جائز رکھے کہ آدمی نبوت کا اکتساب کر سکتا ہے اور صفائیِ قلب کے ذریعہ سے مرتبۂ نبوت کو پہنچ سکتا ہے، جیسا کہ بعض فلسفی اور غالی صوفی کہتے ہیں، اور اسی طرح جو شخص نبوت کا دعویٰ تو نہ کرے مگر یہ دعویٰ کرے کہ اس پر وحی آتی ہے ...... ایسے سب لوگ کافر اور نبی ﷺ کے جھٹلانے والے ہیں۔ کیونکہ آپؐ خاتم النبیین ہیں۔ آپؐ کے بعد کوئی نبی آنے والا نہیں۔ اور آپؐ نے اللہ تعالیٰ کی طرف سے یہ خبر پہنچائی ہے کہ آپ نبوت کے ختم کرنے والے ہیں اور تمام انسانوں کی طرف آپؐ کو بھیجا گیا ہے۔ اور تمام امت کا اس پر اجماع ہے کہ یہ کلام اپنے ظاہر مفہوم پر محمول ہے، اس کے معنی و مفہوم میں کسی تاویل و تخصیص کی گنجائش نہیں ہے۔ لہٰذا ان تمام

گروہوں کے کافر ہونے میں قطعاً کوئی شک نہیں، بر بنائے اجماع بھی اور بر بنائے نقل بھی''۔ (شفاء، جلد ۲، ص ۲۷۰۔ ۲۷۱)

۹۔ علامہ شہرستانی (متوفی ۵۴۸ھ) اپنی مشہور کتاب الملل والنِّحَل میں لکھتے ہیں:

''اور اسے طرح جو کہے .... کہ محمد ﷺ کے بعد کوئی نبی آنے والا ہے (بجز عیسیٰ علیہ السلام کے) تو اس کے کافر ہونے میں دو آدمیوں کی درمیان بھی اختلاف نہیں ہے'' (جلد ۳، ص ۲۴۹)

۱۰۔ امام رازی (۵۴۳ھ۔ ۶۰۶ھ) اپنی تفسیر کبیر میں آیت خاتم النبیین کی شرح کرتے ہوئے فرماتے ہیں: ''اس سلسلہٴ بیان میں وخاتم النبیین اس لیے فرمایا کہ جس نبی کے بعد کوئی دوسرا نبی ہو وہ اگر نبوت اور توضیح احکام کوئی کسر چھوڑ جائے تو اس کے بعد آنے والا نبی اُسے پورا کر سکتا ہے۔ مگر جس کے بعد کوئی آنے والا نبی نہ ہو وہ اپنی امت پر زیادہ شفیق ہوتا ہے اور اس کو زیادہ واضح رہنمائی دیتا ہے کیونکہ اس کی مثال اُس باپ کی ہوتی ہے جو جانتا ہے کہ اس کے بیٹے کا کوئی ولیو سرپرست اُس کے بعد نہیں ہے (جلد ۶، ص ۵۸۱)

۱۱۔ علامہ بیضاوی (متوفی ۶۸۵ھ اپنی تفسیر انوار التنزیل مین لکھتے ہیں: ''یعنی آپؐ انبیاء میں سب سے آخری نبی ہیں جس نے ان کا سلسلہ ختم کر دیا، یا جس سے انبیاء کے سلسلے پر مہر کر دی گئی۔ اور عیسیٰ علیہ السلام کا آپؐ کے بعد نازل ہونا اس ختمِ نبوت میں قادح نہیں ہے کیونکہ جب وہ نازل ہوں گے تو آپؐ ہی کے دین پر ہوں گے'' (جلد۴۔ ص ۱۶۴)

۱۲۔ علامہ حافظ الدین النَّسفی (متوفی ۷۱۰ھ) اپنی تفسیر ''مدارک التنزیل'' لکھتے ہیں۔ ''اور آپؐ خاتم النبیین ہیں........ یعنی نبیوں میں سب سے آخری۔ آپؐ کے بعد کوئی شخص نبی نہیں بنایا جائے گا۔ رہے عیسیٰؑ تو وہ اُن انبیاء میں سے ہیں جو آپؐ سے پہلے نبی بنائے جا چکے تھے۔ اور وہ جب نازل ہوں گے تو شریعتِ محمد صلی اللہ علیہ وآلہ وسلم پر عمل کرنے والے کی حیثیت سے نازل ہوں گے گویا کہ وہ آپؐ کے افراد میں سے ہیں'' (ص ۴۷۱)

۱۳۔ علامہ علاؤ الدین بغدادی (متوفی ۷۲۵ھ) اپنی تفسیر ''خازن'' میں لکھتے ہیں: ''وَ خَاتَمَ النَّبِيّٖنَ، یعنی اللہ نے آپؐ پر نبوت ختم کر دی، ان نہ آپؐ کے ساتھ

کوئی اس میں شریک.....وَ کَانَ اللّٰہُ بِکُلِّ شَیئٍ عِلیماً، یعنی یہ بات اللہ کے علم میں ہے کہ آپؐ کے بعد کوئی نبی نہیں۔'' (ص ۴۷۱۔۴۷۲)

۱۴۔ علامہ ابنِ کثیر (متوفی ۷۷۴ھ) اپنی مشہور و معروف تفسیر میں لکھتے ہیں :
''پس یہ آیت اس باب میں نص صریح ہے کہ نبی ﷺ کے بعد کوئی نبی نہیں ہے، اور جب آپؐ کے بعد نبی کوئی نہیں تو رسول درجہ اولیٰ نہیں ہے، کیوں کہ رسالت کا منصب خاص ہے اور نبوت کا منصب عام، ہر رسول نبی ہوتا ہے مگر ہر نبی رسول نہیں ہوتا.... حضورؐ کے بعد جو شخص بھی اس مقام کا دعویٰ کرے وہ جھوٹا، مفتری، دجّال، گمراہ اور گمراہ کرنے والا ہے خواہ وہ کیسے ہی خرق عادت اور شعبدے اور جادو اور طلسم اور کرشمے بنا کر لے آئے.... یہی حیثیت ہر اس شخص کی ہے جو قیامت تک اس منصب کا مدعی ہو''۔ (جلد ۳۔ ص ۴۹۳۔ ۴۹۴)

۱۵۔ علامہ جلال الدین سیُوطی (متوفی ۹۱۱) تفسیر جلالین میں لکھتے ہیں : ''وَ کَانَ اللّٰہُ بِکُلِّ شَیئٍ عَلِیماً، یعنی اللہ اس بات کو جانتا ہے کہ آنحضرتؐ کے بعد کوئی

نبی نہیں۔ اور عیسیٰؑ جب نازل ہوں گے تو آپؐ کی شریعت ہی کے مطابق عمل کریں گے''۔ (ص ۶۸۷)

۱۶۔ علامہ ابن نُجیم (متوفی ۹۷۰ھ) اُصولِ فقہ کی مشہور کتاب الاَشباہ والنظائر، کتاب السّیر، باب الرِدَّہ میں لکھتے ہیں: ''اگر آدمی یہ نہ سمجھے کہ محمد صلی اللہ علیہ وآلہٖ وسلم آخری نبی ہیں تو وہ مسلمان نہیں ہے، کیوں کہ یہ اُن باتوں میں سے ہے جن کا جاننا اور ماننا ضروریاتِ دین میں سے ہے۔'' (ص ۱۷۹)

۱۷۔ ملّا علی قاری (متوفی ۱۰۱۶ھ) شرح فقہ اکبر میں لکھتے ہیں: ''ہمارے نبی صلی اللہ علیہ وآلہٖ وسلم کے بعد نبوت کا دعویٰ کرنا بالاجماع کفر ہے''۔ (ص ۲۰۲)

۱۸۔ شیخ اسماعیل حقی (متوفی ۱۱۳۷ھ) تفسیر رُوح البیان میں اس آیت کی شرح کرتے ہوئے لکھتے ہیں: ''عاصم نے لفظ خاتَمت کے زبر کے ساتھ پڑھا ہے جس کے معنی ہیں آلۂ ختم کے جس سے مہر کی جاتی ہے۔ جیسے طابع اس چیز کو کہتے ہیں جس سے ٹھپّا لگایا جائے۔ مراد یہ ہے کہ نبی صلی اللہ علیہ وآلہٖ وسلم انبیاء میں سب سے آخر تھے جن کے ذریعہ سے نبیوں کے سلسلہ پر مُہر لگا دی گئی۔ فارسی میں اسے ''مُہر پیغمبراں'' کہیں گے، یعنی آپؐ سے نبوت کا دروازہ سر بُمہر کر دیا گیا اور

پیغمبروں کا سلسلہ ختم کر دیا گیا۔ باقی قاریوں نے اسے ت کے زیر کے ساتھ خاتم پڑھا ہے، یعنی آپؐ مہر کرنے والے تھے۔ فارسی میں اس کو ''مُہر کنندۂ پیغمبراں'' کہیں گے۔ اس طرح یہ لفظ بھی خاتَم کا ہم معنی ہی ہے..... اب آپ کی اُمت کے علماء آپؐ سے صرف ولایت ہی کی میراث پائیں گے، نبوت کی میراث آپؐ کی ختمیت کے باعث ختم ہو چکی۔ اور عیسیٰ علیہ السلام کا آپ کے بعد نازل ہونا آپؐ کے خاتم النبیین ہونے میں قدح نہیں ہے کیونکہ خاتم النبین ہونے کے معنی یہ ہیں کہ آپؐ کے بعد کوئی نبی نہ بنایا جائے گا.... اور عیسیٰ آپؐ سے پہلے نبی بنائے جا چکے تھے۔ اور جب وہ نازل ہوں گے تو شریعت محمدی ﷺ کے پیرو کی حیثیت سے نازل ہوں گے۔ آپؐ ہی کے قبلے کی طرف رُخ کر کے نماز پڑھیں گے۔ آپؐ کی امت کے ایک فرد کی طرح ہوں گے۔ نہ اُن کی طرف وحی آئے گی اور نہ وہ نئے احکام دیں گے۔ بلکہ وہ رسول اللہ ﷺ کے خلیفہ ہوں گے ...... اور اہل سنت والجماعت اس بات کے قائل ہیں کہ ہمارے نبی ﷺ نے فرما دیا ''لا نبی بعدی'' اب جو کوئی کہے کہ ہمارے نبی ﷺ کے بعد کوئی نبی ہے تو اس کو کافر قرار دیا جائے گا، کیونکہ اس نے نص کا انکار کیا۔ اور اسی طرح اس شخص کی بھی تکفیر کی جائے گی جو اس

میں شک کرے، کیونکہ حجت نے حق کو باطل سے ممیز کر دیا ہے اور جو شخص محمد ﷺ کے بعد نبوت کا دعویٰ کرے اس کا دعویٰ باطل کے سوا کچھ اور ہو ہی نہیں سکتا۔'' جلد ۲۲ ص ۱۸۸)

۱۹۔ فتاویٰ علمگیری، جسے بارھویں صدی ہجری میں اورنگ زیب عالمگیر کے حکم سے ہندوستان کے بہت سے علماء نے مرتب کیا تھا، اس میں لکھا ہے: ''اگر آدمی یہ نہ سمجھے کہ محمد ﷺ آخری نبی ہیں تو وہ مسلم نہیں ہے۔ اور اگر وہ کہے کہ میں اللہ کا رسول ہوں یا میں پیغمبر ہوں تو اس کی تکفیر کی جائے گی'' (جلد ۲، ص ۲۶۳)

۲۰۔ علامہ شَوکانی (متوفّی ۱۲۵۵ھ) اپنی تفسیر فتح القدیر میں لکھتے ہیں: ''جمہور نے لفظ خاتم کو ت کے زیر کے ساتھ پڑھا ہے اور نے زبر کے ساتھ۔ پہلی قرأت کے معنی یہ ہیں کہ آپؐ نے انبیاء کو ختم کیا، یعنی سب کے آخر میں آئے۔ اور دوسری قرأت کے معنی یہ ہیں کہ آپ ان کے لیے مہر کی طرح ہو گئے جس کے ذریعہ سے ان کا سلسلہ سر بمہر ہو گیا اور جس کے شمول سے ان کا گروہ مزین ہوا''

(جلد ۴، ص ۲۷۵)

۲۱۔ علامہ آلوسی (متوفّی ۱۲۷۰ھ) تفسیر روح المعانی میں لکھتے ہیں: ''نبی کا لفظ رسول کی بہ نسبت عام ہے۔ لہٰذا رسول اللہ صلی اللہ علیہ وآلہٖ وسلم کے خاتم النبیین ہونے سے خود بخود لازم آتا ہے کہ آپؐ خاتم المرسلین بھی ہوں۔ اور آپؐ کے خاتم انبیاء و رُسُل ہونے سے مراد یہ ہے کہ اس دُنیا میں وصفِ نبوت سے آپؐ کے متصف ہونے کے بعد اب جِنّ وانس میں سے ہر ایک کے لیے نبوت کا وصف منقطع ہو گیا۔'' (جلد ۲۲۔ ص ۳۲)۔ ''رسول اللہ صلی اللہ علیہ وآلہٖ وسلم کے بعد جو شخص وحی نبوت کا مدّعی ہو اُسے کافر قرار دیا جائے گا۔ اس امر میں مسلمانوں کے درمیان کوئی اختلاف نہیں ہے۔'' (جلد ۲۲ ص ۳۸)۔ ''رسول اللہ صلی اللہ علیہ وآلہٖ وسلم کا خاتم النبیین ہونا ایک ایسی بات ہے جسے کتاب اللہ نے صاف صاف بیان کیا، سنّت نے واضح طور پر اس کی تصریح کی، اور امت نے اس پر اجماع کیا۔ لہٰذا جو اس کے خلاف کوئی دعویٰ کرے اسے کافر قرار دیا جائے گا۔'' (جلد ۲۲ ص ۳۹)

یہ ہندوستان سے لے کر مراکش اور اندلس تک، اور ٹرکی سے لے کر یمن تک ہر مسلمان ملک کے اکابر علماء و فقہاء اور محدثین و مفسرین کی تشریحات ہیں۔ ہم نے ان کے ناموں کے ساتھ ان کے سنینِ ولادت و وفات بھی دے دیے ہیں جن سے ہر شخص بیک نظر معلوم کر سکتا ہے کہ پہلی صدی سے تیرھویں صدی

تک تاریخِ اسلام کی ہر صدی کے اکابر اُن میں شامل ہیں۔ اگرچہ ہم چودھویں صدی کے علمائے اسلام کی تصریحات بھی نقل کر سکتے تھے، مگر ہم نے قصداً انہیں اس لیے چھوڑ دیا کہ اُن کی تفسیر کے جواب میں ایک شخص یہ حیلہ کر سکتا ہے کہ ان لوگوں نے اس دور کے مدعی نبوت کی ضد میں ختمِ نبوت کے یہ معنیٰ بیان کیے ہیں۔ اس لیے ہم نے پہلے علماء کی تحریریں نقل کی ہیں جو ظاہر ہے کہ آج کے کسی سے کوئی ضد نہ رکھ سکتے تھے۔ ان تحریروں س یہ بات قطعی طور پر ثابت ہو جاتی ہے کہ پہلی صدی سے آج تک پوری دنیائے اسلام متفقہ طور پر ''خاتم النبیین'' کے معنیٰ ''آخری نبی'' ہی سمجھ رہی ہے، حضورؐ کے بعد نبوت کے دروازے کو ہمیشہ ہمیشہ کے لیے بند تسلیم کرنا ہر زمانے میں تمام مسلمانوں کا متفق علیہ عقیدہ رہا ہے، اور اس امر میں مسلمانوں کے درمیان کبھی کوئی اختلاف نہیں ما کہ جو شخص محمد رسول صلی اللہ علیہ وآلہ وسلم کے بعد رسول یا نبی ہونے کا دعویٰ کرے اور جو اس کے دعوے کو مانے وہ دائرۂ اسلام سے خارج ہے۔

اب یہ دیکھنا ہر صاحبِ عقل آدمی کا اپنا کام ہے کہ لفظ خاتم النبیین کا جو مفہوم لغت سے ثابت ہے، جو قرآن کی عبارت کے سیاق و سباق سے ظاہر ہے، جس کی تصریح نبی صلی اللہ علیہ وآلہ وسلم نے خود فرما دی ہے، جس پر صحابۂ کرامؓ کا اجماع ہے،

اور جسے صحابہٴ کرامؓ کے زمانے سے لے کر آج تک تمام دنیا کے مسلمان بلا اختلاف مانتے رہے ہیں، اس کے خلاف کوئی دوسرا مفہوم، لینے اور کسی نئے مدّعی کے لیے نبوت کا دروازہ کھولنے کی کیا گنجائش باقی رہ جاتی ہے، اور ایسے لوگوں کو کیسے مسلمان تسلیم کیا جا سکتا ہے جنھوں نے بابِ نبوت کے مفتوح ہونے کا محض خیال ہی ظاہر نہیں کیا ہے بلکہ اس دروازے سے ایک صاحب حریم نبوت میں داخل بھی ہو گئے ہیں اور یہ لوگ ان کے نبوت پر ایمان بھی لے آئے ہیں۔

اس سلسلے میں تین باتیں اور قابلِ غور ہیں:

کیا اللہ کو ہمارے ایمان سے کوئی دشمنی ہے؟

پہلی بات یہ ہے کہ نبوت کا معاملہ ایک بڑا ہی نازک معاملہ ہے۔ قرآن مجید کی رُو سے یہ اسلام کے ان بنیادی عقائد میں سے ہے جن کے ماننے یا نہ ماننے پر آدمی کے کفر و ایمان کا انحصار ہے۔ ایک شخص نبی ہو اور آدمی اس کو نہ مانے تو کافر، اور وہ نبی نہ ہو اور آدمی اس کو مان لے تو کافر۔ ایسے ایک نازک معاملے میں تو اللہ تعالیٰ سے کسی بے احتیاطی کی بدرجہٴ اولیٰ توقع نہیں کی جا سکتی۔ اگر

محمد صلی اللہ علیہ وآلہ وسلم کے بعد کوئی نبی آنے والا ہوتا تو اللہ تعالیٰ خود قرآن میں صاف صاف اس کی تصریح فرماتا، رسول اللہ صلی اللہ علیہ وآلہ وسلم کے ذریعہ سے اس کا س کھُلا کھُلا اعلان کراتا اور حضور دنیا س کبھی تشریف نہ لے جاتے جب تک اپنی امت کو اچھی طرح خبردار نہ کر دیتے کہ میرے بعد بھی انبیاء آئیں گے اور تمہیں ان کو ماننا ہو گا۔ آخر اللہ اور اس کے رسول کو ہمارے دین و ایمان سے کیا دشمنی تھی کہ حضورؐ کے بعد نبوت کا دروازہ تو کھُلا ہوتا اور کوئی نبی آنے والا بھی ہوتا جس پر ایمان لائے بغیر ہم مسلمان نہ ہوسکتے، مگر ہم کو نہ صرف یہ کہ اس سے بے خبر رکھا جاتا، بلکہ اس کے برعکس اللہ اور اس کا رسول دونوں ایسی باتیں فرما دیتے جن سے تیرہ سو برس تک ساری امت یہی سمجھتی رہی اور آج بھی سمجھ رہی ہے کہ حضورؐ کے بعد کوئی نبی آنے والا نہیں ہے۔

اب اگر بفرضِ محال نبوت کا دروازہ کھلا بھی ہو اور کوئی نبی آ بھی جائے تو ہم بے خوف و خطر اس کا انکار کر دیں گے۔ خطرہ ہو سکتا ہے تو اللہ تعالیٰ کی بازپُرس ہی کا تو ہو سکتا ہے۔ وہ قیامت کے روز ہم سے پوچھے گا تو ہم یہ سارا ریکارڈ برسرِ عدالت لا کر رکھ دیں گے جس سے ثابت ہو جائے گا کہ معاذاللہ اس کفر کے خطرے میں تو اللہ کی کتاب اور اس کے رسول کی سنت ہی نے ہی ہمیں ڈالا تھا۔

ہمیں قطعاً کوئی اندیشہ نہیں ہے کہ ریکارڈ کو دیکھ کر بھی اللہ تعالیٰ ہمیں کسی نئے نبی پر ایمان نہ لانے کی سزا دے ڈالے گا۔ لیکن اگر نبوت کا دروازہ فی الواقع بند ہے اور کوئی نبی آنے والا نہیں ہے، اور اس کے باوجود کوئی شخص کسی مدعی کی نبوت پر ایمان لاتا ہے تو اسے سوچ لینا چاہیے کہ اس کفر کی پاداش سے بچنے کے لیے وہ کون سا ریکارڈ خدا کی عدالت میں پیش کر سکتا ہے. جس سے وہ رہائی کی توقع رکھتا ہو۔ عدالت میں پیشی ہونے سے پہلے اسے اپنی صفائی کے مواد کا یہیں جائزہ لے لین چاہیے، اور ہمارے پیش کردہ مواد سے مقابلہ کر کے خود ہی دیکھ لینا چاہیے کہ جس صفائی کے بھروسے پر وہ یہ کام کر رہا ہے کیا ایک عقلمند آدمی اس پر اعتماد کر کے کفر کی سزا کا خطرہ مول لے سکتا ہے؟

اب نبی کی آخر ضرورت کیا ہے؟

دوسری قابل غور بات یہ ہے کہ نبوت کوئی ایسی صفت نہیں ہے جو ہر اُس شخص میں پیدا ہو جایا کرے جس نے عبادت اور عملِ صالح میں ترقی کر کے اپنے آپ کو اس کا اہل بنا لیا ہو۔ نہ یہ کوئی ایسا انعام ہے جو کچھ خدمات کے صلے میں عطا کیا جاتا ہو۔ بلکہ یہ ایک منصب ہے جس پر ایک خاص ضرورت کی خاطر اللہ تعالیٰ کسی شخص کو مقرر کرتا ہے۔ وہ ضرورت جب داعی ہوتی ہے تو ایک نبی اس کے لیے مامور کیا جاتا ہے، اور جب ضرورت نہیں رہتی تو خواہ مخواہ انبیاء پر انبیاء نہیں بھیجے جاتے۔

قرآن مجید سے جب ہم یہ معلوم کرنے کی کوشش کرتے ہیں کہ نبی کے تقرر کی ضرورت کن کن حالات میں پیش آئی ہے تو پتہ چلتا ہے کہ صرف چار حالتیں ہیں جن میں انبیاء مبعوث ہوئے ہیں:

اوّل یہ کہ کسی خاص قوم میں نبی بھیجنے کی ضرورت اس لیے کہ کہ اس میں پہلے کبھی کوئی نبی نہ آیا تھا اور کسی دوسری قوم میں آئے ہوئے نبی کا پیغام بھی اس تک نہ پہنچ سکتا تھا۔

دوّم یہ کہ نبی بھیجنے کی ضرورت اس وجہ سے ہو کہ پہلے گزرے ہوئے نبی کی تعلیم بھُلا دی گئی ہو، یا اس میں تحریف ہو گئی ہو، اور اس کے نقش قدم کی پیروی کرنا ممکن نہ رہا ہو۔

سوم یہ کہ پہلے گزرے ہوئے نبی کے ذریعہ مکمل تعلیم و ہدایت لوگوں کو نہ ملی ہو اور تکمیل دین کے لیے مزید انبیاء کی ضرورت ہو۔

چہارم یہ ایک نبی کے ساتھ اس کی مدد کے لیے ایک اور نبی کی حاجت ہو۔

اب یہ ظاہر ہے کہ ان میں سے کوئی ضرورت بھی نبی ﷺ کے بعد باقی نہیں رہی ہے۔

قرآن خود کہہ رہا ہے کہ حضورؐ کو تمام دُنیا کی ہدایت کے لیے مبعوث فرمایا گیا ہے اور دنیا کی تمدّنی تاریخ بتا رہی ہے کہ آپؐ کی بعثت کے وقت سے مسلسل ایسے حالات موجود رہے ہیں کہ آپؐ کی دعوت سب قوموں کو پہنچ سکتی تھی اور ہر

وقت پہنچ سکتی ہے۔ اس کے بعد الگ الگ قوموں میں انبیاء آنے کی کوئی حاجت باقی نہیں رہتی۔

قرآن اس پر بھی گواہ ہے اوراس کے ساتھ حدیث وسیرت کا پورا ذخیرہ اس امر کی شہادت دے رہا کہ حضورﷺ کی لائی ہوئی تعلیم بالکل اپنی صحیح صورت میں محفوظ ہے۔ اس میں مسخ و تحریف کا کوئی عمل نہیں ہوا ہے۔ جو کتاب آپ لائے تھے اس میں ایک لفظ بھی کمی وبیشی آج تک نہیں ہوئی، نہ قیامت تک ہو سکتی ہے۔ جو ہدایت آپؐ نے اپنے قول و عمل سے دی اس کے تمام آثار آج بھی اس طرح ہمیں مل جاتے ہیں کہ گویا ہم آپؐ کے زمانے میں موجود ہیں۔ اس لیے دوسری ضرورت بھی ختم ہوگئی۔

پھر قرآن مجید یہ بات بھی صاف صاف کہتا ہے کہ حضورؐ کے ذریعہ سے دین کی تکمیل کردی گئی۔ لہٰذا تکمیل دین کے لیے بھی اب کوئی نبی درکار نہیں رہا۔

اب رہ جاتی ہے چوتھی ضرورت، تو اگر اس کے لیے کوئی نبی درکار ہوتا تو وہ حضورؐ کے زمانے میں آپؐ کے ساتھ مقرر کیا جاتا۔ ظاہر ہے کہ جب وہ مقرر نہیں کیا گیا تو یہ بھی ساقط ہوگئی۔

اب ہمیں معلوم ہونا چاہیے کہ وہ پانچویں وجہ کونسی ہے جس کے لیے آپؐ کے بعد ایک نبی کی ضرورت ہو؟ اگر کوئی کہے کہ قوم بگڑ گئی ہے اس لیے اصلاح کی خاطر ایک نبی کی ضرورت ہے، تو ہم اس سے پوچھیں گے کہ محض اصلاح کے لیے نبی دنیا میں کب آیا ہے کہ آج صرف اس کام کے لیے وہ آئے؟ نبی تو اس لیے مقرر ہوتا ہے کہ اس پر وحی کی جائے، اور وحی کی ضرورت یا تو کوئی نیا پیغام دینے کے لیے ہوتی ہے، یا پچھلے پیغام کی تکمیل کرنے کے لیے، یا اس کو تحریفات سے پاک کرنے کے لیے۔ قرآن اور سنتِ محمد صلی اللہ علیہ وآلہ وسلم کے محفوظ ہو جانے اور دین کے مکمل ہو جانے کے بعد جب وحی کی سب ممکن ضرورتیں ختم ہو چکی ہیں، تو اب اصلاح کے لیے صرف مصلحین کی حاجت باقی ہے نہ کہ انبیاء کی۔

نئی نبوت اب اُمت کے لیے رَحمت نہیں بلکہ لعنت ہے

تیسری قابل توجہ بات یہ ہے کہ نبی جب بھی کسی قوم میں آئے گا فوراً اس میں کفر وایمان کا سوال اُٹھ کھڑا ہو گا۔ جو اس کو مانیں گے وہ ایک امت قرار پائیں گے اور جو اس کو نہ مانیں گے وہ لامحالہ دوسری اُمّت ہوں گے۔ اِن دونوں امتوں کا اختلاف محض فروعی اختلاف نہ ہو گا بلکہ ایک نبی پر ایمان لانے اور نہ لانے کا ایسا بنیادی اختلاف ہو گا جو انہیں اس وقت تک جمع نہ ہونے دے گا جب تک ان میں سے کوئی اپنا عقیدہ نہ چھوڑ دے۔ پھر ان کے لیے عملاً بھی ہدایت اور قانون کے ماخذ الگ الگ ہوں گے، کیوں کہ ایک گروہ اپنے تسلیم کردہ نبی کی پیش کی ہوئی وحی اور اس کی سنت سے قانون لے گا اور دوسرا گروہ اس کے ماخذِ قانون ہونے کا سرے سے منکر ہو گا۔ اس بنا پر ان کا ایک مشترک معاشرہ بن جانا کسی طرح بھی ممکن نہ ہو گا۔

ان حقائق کو اگر کوئی شخص نگاہ میں رکھے تو اس پر یہ بات بالکل واضح ہو جائے گی کہ ختمِ نبوت اُمتِ مسلمہ کے لیے اللہ کی ایک بہت بڑی رحمت ہے۔ جس کی بدولت ہی اس امت کا ایک دائمی اور عالمگیر برادری بننا ممکن ہوا ہے۔ اس چیز نے مسلمانوں کو ایسے ہر بنیادی اختلاف سے محفوظ کر دیا ہے جو ان کے اندر مستقل تفریق کا موجب ہو سکتا ہو۔ اب جو شخص بھی محمد ﷺ کو اپنا ہادی و رہبر مانے اور ان کی دی ہوئی تعلیم کے سوا کسی اور ماخذِ ہدایت کی طرف رجوع کرنے کا قائل نہ ہو وہ اس برادری کا فرد ہے اور ہر وقت ہو سکتا ہے۔ یہ وحدت اس امت کو کبھی نصیب نہ ہو سکتی تھی اگر نبوت کا دروازہ بند نہ ہو جاتا۔ کیوں کہ ہر نبی کے آنے پر یہ پارہ پارہ ہوتی رہتی۔

آدمی سوچے تو اس کی عقل خود یہ کہہ دے گی کہ جب تمام دنیا کے لیے ایک نبی بھیج دیا جائے، اور جب اس نبی کے ذریعہ سے دین کی تکمیل بھی کر دی جائے، اور جب اس نبی کی تعلیم کو پوری طرح محفوظ بھی کر دیا جائے، تو نبوت کا دروازہ بند ہو جانا چاہیے تاکہ اس آخری نبی کی پیروی پر جمع ہو کر تمام دنیا میں ہمیشہ کے لیے اہل ایمان کی ایک ہی امت بن سکے اور بلا ضرورت نئے نئے نبیوں کی آمد سے اس امت میں بار بار تفرقہ نہ برپا ہوتا رہے۔ نبی خواہ ''ظِلّی'' ہو

یا ''بروزی''، اُمتی ہو یا صاحبِ شریعت اور صاحبِ کتاب، بہر حال جو شخص نبی ہوگا اور خدا کی طرف سے بھیجا ہوا ہوگا، اس کے آنے کا لازمی نتیجہ یہی ہوگا کہ اس کے ماننے والے ایک امّت بنیں اور نہ ماننے والے کافر قرار پائیں۔ یہ تفریق اس حالت میں تو ناگزیر ہے جب کہ نبی کے بھیجے جانے کی فی الواقع ضرورت ہو، مگر جب اس کے آنے کی کوئی ضرورت باقی نہ رہے تو خدا کی حکمت اور اس کی رحمت سے یہ بات قطعی بعید ہے کہ وہ خواہ مخواہ اپنے بندوں کو کفر ایمان کی کشمکش میں مبتلا کرے اور انہیں کبھی ایک امت نہ بننے دے۔ لہٰذا جو کچھ قرآن سے ثابت ہے اور جو کچھ سنت اور اجماع سے ثابت ہے عقل بھی اسی کو صحیح تسلیم کرتی ہے اور اس کا تقاضا بھی یہی ہے کہ اب نبوت کا دروازہ بند ہی رہنا چاہیے۔

’’مسیح موعود‘‘ کی حقیقت

نئی نبوت کی طرف بلانے والے حضرات عام طور پر ناواقف مسلمانوں سے کہتے ہیں کہ احادیث میں ’’مسیح موعود‘‘ کے آنے کی خبر دی گئی ہے، اور مسیح نبی تھے، اس لیے ان کے آنے سے ختم نبوت میں کوئی خرابی واقع نہیں ہوتی، بلکہ ختمِ نبوت بھی برحق اور اس کے باوجود مسیح موعود کا آنا بھی برحق۔

اسی سلسلے میں وہ یہ بھی کہتے ہیں کہ ’’مسیح موعود‘‘ سے مراد عیسیٰ ابن مریم نہیں ہیں۔ ان کا تو انتقال ہو چکا۔ اب جس کے آنے کی خبر نبوت کے خلاف نہیں ہے۔

اس فریب کا پردہ چاک کرنے کے لیے ہم یہاں پورے حوالوں کے ساتھ وہ مستند روایات نقل کیے دیتے ہیں جو اس مسئلے کے متعلق حدیث کی معتبر ترین

کتابوں میں پائی جاتی ہیں۔ اِن احادیث کو دیکھ کر ہر شخص خود معلوم کر سکتا ہے کہ حضورؐ نبی کریم صلی اللہ علیہ وآلہ وسلم نے کیا فرمایا تھا اور آج اس کو کیا بنایا جا رہا ہے۔

احادیث درباب نزولِ عیسیٰؑ

(۱) عن ابی هریرة قال قال رسول اللهﷺ و الذی نفوی بیده لَیَوشِکَنَّ ان ینزل فِیکم ابن مریم حکماً عدلاً فیکسر الصلیب و یقتل الخنزیر و یَضَعَ الحربَ و یُفیضَ المال حتیٰ لا یقبلِه احد حتی تکون السجده الواحدة خیراً من الدّنیا و ما فیها (بخاری کتاب احادیث الانبیاء، باب نزول عیسیٰ ابن مریم۔ مسلم، باب بیان نزول عیسیٰ۔ ترمذی ابواب الفتن، باب فی نزول عیسیٰ۔ مسند احمد، کرویات ابو ہریرہؓ)

حضرت ابو ہریرہؓ سے روایت ہے کہ رسول اللہ صلی اللہ علیہ وآلہٖ وسلم نے فرمایا قسم ہے اس ذات کی جس کے ہاتھ میں میری جان ہے، ضرور اُتریں گے تمہارے درمیان ابن مریم حاکم عادل بن کر، پھر وہ صلیب کو توڑ ڈالیں گے، اور خنزیر کو ہلاک کر دیں گے۔ (صلیب کو توڑ ڈالنے اور خنزیر کو ہلاک کر دینے کا مطلب یہ ہے کہ عیسائیت ایک الگ دین کی حیثیت سے ختم ہو جائے گی۔) دینِ عیسوی کی پوری

عمارت اس عقیدے پر قائم ہے کہ خدا نے اپنے اکلوتے بیٹے (یعنی حضرت عیسیٰ) کو صلیب پر ''لعنت'' کی موت دی جس سے وہ انسان کے گناہ کا کفارہ بن گیا۔ اور انبیاء کی امتوں کے درمیان عیسائیوں کی امتیازی خصوصیت یہ ہے کہ انہوں نے صرف عقیدے کو لے کر خدا کی پوری شریعت رد کر دی حتیٰ کہ خنزیر پر تک کو حلال کر لیا جو تمام انبیاء کی شریعتوں میں حرام رہا ہے۔ پس جب حضرت عیسیٰ علیہ السلام آ کر خود اعلان کر دیں گے کہ نہ میں خدا کا بیٹا ہوں، نہ میں نے صلیب پر جان دی، نہ میں کسی گناہ کا کفارہ بنا تو عیسائی عقیدے کے لیے سرے سے کوئی بنیاد ہی باقی نہ رہے گی۔ (اسی طرح جب وہ بتائیں گے کہ میں نے تو نہ اپنے پیرووں کے لیے سُور حلال کیا تھا اور نہ ان کو شریعت کی پابندی سے آزاد ٹھیرایا تھا، تو عیسائیت کی دوسری امتیازی خصوصیت کا بھی خاتمہ ہو جائے گا۔) اور جنگ کا خاتمہ کر دیں گے (دوسری روایت میں حرت کے بجائے جزیہ کا لفظ ہے، یعنی جزیہ ختم کر دیں گے۔) (دوسرے الفاظ میں اس کا مطلب یہ ہے کہ اُس وقت مِلّتوں کے اختلافات ختم ہو کر سب لوگ ایک مِلّت اسلام میں شامل ہو جائیں گے اور اس طرح نہ جنگ ہو گی اور نہ کسی پر جزیہ عائد کیا جائے گا۔ اسی بات پر آگے احادیث نمبر ۵ و ۱۵ دلالت کر رہی ہیں۔) اور مال کی وہ کثرت ہو گی

کہ اس ک قبول کرنے والا کوئی نہ رہے گا اور (حالت یہ ہو جائے گی کہ لوگوں کے نزدیک خدا کے حضور) ایک سجدہ کر لینا دنیا و مافیہا سے بہتر ہو گا۔

(۲)۔ ایک اور روایت حضرت ابو ہریرہؓ سے ان الفاظ میں ہے کہ لا تقعم السّاعۃ حتّٰی ینزل عیسیٰ ابن مریم......قیامت قائم نہ ہو گی جب تک نازل نہ ہو لیں عیسیٰ ابن مریم..........اور اس کے بعد ہی مضمون ہے جو اوپر کی حدیث میں بیان ہوا ہے (بخاری، کتاب المظالم، باب کسر الصلیب۔ ابن ماجہ، کتاب الفتن، باب فتنۃ الدجال)

(۳)۔ عن ابی ھریرۃ ان رسول اللہ ﷺ قال کیف انتم اذا نزل ابن مریم فیکم و امامکم منکم۔ (بخاری، کتاب احادیث الانبیاء، باب نزول عیسیٰ۔ مسلم، بیان نزول عیسیٰ۔ مسند احمد، مرویات ابی ہریرہؓ)

حضرت ابو ہریرہؓ سے روایت ہے کہ رسول اللہ ﷺ نے فرمایا کیسے ہو گے تم جبکہ تمہارے درمیان ابن مریم اتریں گے اور تمہارا امام اس وقت خود تم میں سے ہو گا۔'' (یعنی نماز میں حضرت عیسیٰ حضرت عیسیٰ امامت نہیں کرائیں گے بلکہ مسلمانوں کا جو امام پہلے سے ہو گا اسی کے پیچھے وہ نماز پڑھیں گے۔)

(۴)- عن ابی ہریرۃ ان رسول اللہ ﷺ قال ینزل عیسیٰ ابن مریم فیقتل الخنزیر و یمحوا الصلیب و تجمع لہ الصلوٰۃ و یعطی المال حتی لا یقبل و یضع الخراج و ینزل الرَّوحاء فیحجّ منہا، او یعتمو، او یجمعھما (مسند احمد، بسلسلہ، مرویات ابی ہریرہؓ مسلم، کتاب الحج- باب جواز التمتُّع فی الحج والقرآن)

حضرت ابوہریرہؓ سے روایت ہے کہ رسول اللہ صلی اللہ علیہ وآلہ وسلم نے فرمایا عیسیٰ ابن مریم نازل ہوں گے پھر وہ خنزیر کو قتل کریں گے اور صلیب کو مٹا دیں گے اور ان کے لیے نماز جمع کی جائے گی اور وہ اتنا مال تقویم کریں گے کہ اسے قبول کرنے والا کوئی نہ ہوگا اور وہ خراج ساقط کر دیں گے اور رَوحاء (مدینہ سے ۳۵ میل کے فاصلے پر ایک مقام) کے مقام پر منزل کر کے وہاں سے حج یا عمرہ کریں گے، یا دونوں کو جمع کریں گے (واضح رہے کہ اس زمانے میں جن صاحب کو مثیلِ مسیح قرار دیا گیا ہے انہوں نے اپنی زندگی میں نہ حج کیا اور نہ عمرہ) راوی کو شک ہے کہ حضورؐ نے ان میں سے کونسی بات فرمائی تھی۔

(۵)۔ عن ابی ھریرۃ (بعد ذکر خروج الدجال) فبینما ھم یعدّوس للقتال یسوّون الصّفوف اذا اقیمت الصلوٰۃ فینزل عیسیٰؑ ابن مریم

فامّهم فاذاراٰه عدو الله یذوب کما یذوب الملح فی الماء فلو ترکہ الانذاب حتّی یهلک و لکن یقتلہ الله بیده فیریهم دمہ فی حربتہ

(مشکوٰۃ کتاب الفتن، باب الملاحم، بحوالہٗ مسلم)۔

حضرت ابوہریرہؓ سے روایت ہے (دجّال کے خروج کا ذکر کرنے کے بعد) حضورؐ نے فرمایا اس اثنا میں کہ مسلمان اس سے لڑنے کی تیاری کر رہے ہوں گے، صفیں باندھ رہے ہوں گے اور نماز کے لیے تکبیر اقامت کہی جاچکی ہوگی کہ عیسیٰ ابنِ مریم نازل ہو جائیں گے۔ اور نماز مین مسلمانوں کی امامت کریں گے۔ اور اللہ کا دشمن (یعنی دجّال) ان کو دیکھتے ہی اس طرح گھلنے لگے گا جیسے نمک پانی میں گھلتا ہے۔ اگر عیسیٰ علیہ السلام اس کو اُس کے حال پر چھوڑ دیں تو وہ آپ ہی گھل کر مر جائے۔ مگر اللہ اس کو اُن کے ہاتھ سے قتل کرائے گا اور وہ اپنے نیزے میں اُس کا خون مسلمانوں کو دکھائیں گے۔''

(۶)- عن ابی هریرة ان النبیﷺ قال لیس بینی و بینہٗ نبی (یعنی عیسیٰ) و انہ نازل فاذارأ یتموه ما عرفوه رجل مربو الی الحمرة و البیاص، بین ممصرتین کان راٴسہ یقطروَ ان لم یصبہ بلل فیقاتل الناس علی الاسلام فی دق الصلیب ویقتل الخنزیر ویضع

الجزیۃویھلک اللہ فی زمانہ الملل کلھا الا الاسلام ویھلک المسیح الدجال فیمکث فی الارض اربعین سنۃ ثم یتوفی فی صلی علیہ المسلمون۔ (ابوداوٗد، کتاب الملاحم، باب خروج الدّجال۔ مُسند احمد مرویات ابو ہریرہؓ)

ابو ہریرہؓ سے روایت ہے کہ نبی صلی اللہ علیہ وآلہٖ وسلم نے فرمایا میرے اور اُن (یعنی عیسیٰ علیہ السلام) کے درمیان کوئی نبی نہیں ہے۔ اور یہ کہ وہ اُترنے والے ہیں، پس جب تم ان کو دیکھو تو پہچان لینا، وہ ایک میانہ قد آدمی ہیں، رنگ مائل بسُرخی و سپیدی ہے، دو زرد رنگ کے کپڑے پہنے ہوئے ہوں گے۔ ان کے سر کے بال ایسے ہوں گے گویا اب ان سے پانی ٹپکنے والا ہے، حالانکہ وہ بھیگے ہوئے نہ ہوں گے۔ وہ اسلام پر لوگوں سے جنگ کریں گے، صلیب کو پاش پاش کر دیں گے، خنزیر کو قتل کر دیں گے، جزیہ ختم دیں گے، اور اللہ ان کے زمانے میں اسلام کے سوا تمام مِلّتوں کو مٹا دے گا، اور وہ مسیح دجال کو ہلاک کر دیں گے، اور زمین میں وہ چالیس سال ٹھیریں گے۔ پھر ان کا انتقال ہو جائے گا اور مسلمان ان کی نماز جنازہ پڑھیں گے۔"

(۷)۔ عن جابر بن عبد اللہ قال سمعت رسول اللہﷺ.......فینزل عیسیٰ ابن مریمﷺ فیقو ل امیر ھم تعل فصلِّ فیقول الا ان بعضکم علیٰ بعضامراء تکرمۃ اللہ ھٰذہ الامۃ۔ (مسلم، بیان نزول عیسیٰ ابن مریم۔ مُسند احمد بسلسلہ مرویات جابرؓ بن عبد اللہ)

حضرت جابر بن عبد اللہ کہتے ہیں کہ میں نے رسول اللہ صلی اللہ علیہ وآلہٖ وسلم سے سُنا کہ ....پھر عیسیٰ ابن مریم نازل ہوں گے۔ مسلمانوں کا امیر اُن سے کہے گا کہ آئے، آپ نماز پڑھائیے، مگر وہ کہیں گے کہ نہیں، تم لوگ خود ہی ایک دوسرے کے امیر ہو۔ (یعنی تمہارا امیر خود تم ہی میں سے ہونا چاہیے۔) یہ وہ اُس عزّت کا لحاظ کرتے ہوئے کہیں گے جو جو اللہ نے اس اُمّت کو دی ہے۔''

(۸)۔ عن جابر بن عبد اللہ (فی قصۃ ابن صیاد) فقال عمر بن الخطاب ائذن لی فاقتلہٗ یا رسول اللہﷺ ان یکن ھو فلست صاحبہ انما صاحبہ عیسیٰ ابن مریم علیہ الصلوٰۃ والسلام، و ان لا یکن فلیس لک ان تقتل رجلا من اھل العھد (مشکوٰۃ۔ کتاب الفتن، باب قصۃ بن صیّاد، بحوالہ شرح السُنہ بَغَوی)

جابر بن عبداللہ (قصۂ ابن صیّاد کے سلسلہ میں) روایت کرتے ہیں کہ پھر عمر بن خطاب نے عرض کیا، یا رسول اللہ مجھے اجازت دیجئے کہ میں اسے قتل کردوں۔ اس پر حضورؐ نے فرمایا کہ اگر یہ وہی شخص (یعنی دجال) ہے تو اس کے قتل کرنے والے تم نہیں ہو بلکہ اسے تو عیسیٰ بن مریم ہی قتل کریں گے۔ اور اگر یہ وہ شخص نہیں ہے تو تمہیں اہلِ عہد (یعنی ذمیوں) میں سے ایک آدمی کو قتل کردینے کا کوئی حق نہیں ہے۔''

(۹)۔عن جابر عبد اللہ (فی قصہ الدجال) فاذاھم بعیسیٰ ابن مریم علیہ السلام فتقام الصلوٰۃ فیقال لہ تقدم یا روح اللہ فیقول لیتقدم امامکم فلیصلِّ بکم فاذا صلی صلوٰۃ الصبح خرجوا الیہ، قال بحین یری ان کذاب کما ینماث الملح فی الماء فیمشی الیہ فیقتلہٗ حتی ان الشجر و الحجر ینادی یا روح اللہ ھٰذا الیھودیُّ، فلا یترک ممن کان یتبعہ احدا الاقتلہٗ۔ (مسند احمد، بسلسلۂ روایات جابر بن عبداللہ)

جابر بن عبداللہ سے روایت ہے کہ (دجال کا قصہ بیان کرتے ہوئے نبی ﷺ نے فرمایا) اس وقت یکایک عیسیٰ ابن مریم علیہ السلام مسلمانوں کے درمیان آ جائیں گے۔ پھر نماز کھڑی ہوگی اور ان سے کہا جائے گا کہ اے روح اللہ آگے

بڑھئے، مگر وہ کہیں کہ نہیں، تمہارے امام ہی کو آگے بڑھنا چاہیے، وہی نماز پڑھائے۔ پھر صبح کی نماز سے فارغ ہو کر مسلمان دجال کے مقابلے پر نکلیں گے۔ فرمایا، جب وہ کذّاب حضرت عیسیٰ کو دیکھے گا تو گھلنے لگے گا جیسے نمک پانی میں گھلتا ہے۔ پھر وہ اس کی طرف بڑھیں گے اور اسے قتل کر دیں گے اور حالت یہ ہو گی کہ درخت اور پتھر پکار اٹھیں گے کہ اے روح اللہ یہ یہودی میرے پیچھے چھپا ہوا ہے۔ دجال کے پیرووں میں سے کوئی نہ بچے گا وہ (یعنی عیسیٰؑ) قتل نہ کر دیں۔

(۱۰)-عن النواس بن سمعان (فی قصۃ الدجّال) فبینما ھو کذٰلک اذ بعث اللہ المسیح بن مریم فینزل عندالمنارۃ البیضاء شرقی دمشق بین مھرو ذتین واضعاً کفیہ علیٰ اجنحہ ملکین اذا طأطأ راسہٗ قطر و اذا رفعہ تحد رمنہ جمان کا للؤلؤ فلایحل لکافر یجد ریح نفسہ الامات و نفسہ ینتھی الیٰ حیث ینتھی طرفہ فی طلبہ حتیٰ ید کہ ببابِلُدٍّ فیقتلہ۔ (مسلم، ذکر الدجّال۔ ابو داؤد، کتاب الملاحم، باب خروج الدجال۔ ترمذی، ابواب الفتن، باب فتنۃ الدّجال۔ ابن ماجہ، کتاب الفتن، باب فتنۃ الدّجال)

حضرت نوّاس بن سمعان کلابی (قصہ دجال بیان کرتے ہوئے) روایت کرتے ہیں : اس اثناء میں کہ دجال یہ کچھ کر رہا ہو گا ، اللہ تعالیٰ مسیحؑ ابن مریم کو بھیج دے گا اور وہ دمشق کے مشرقی حصے میں ، سفید مینار کے پاس ، زرد رنگ کے دو کپڑے پہنے ہوئے ، دو فرشتوں کے بازوؤں پر اپنے ہاتھ رکھے ہوئے اتریں گے ۔ جب وہ سر جھکائیں گے تو ایسا محسوس ہو گا کہ قطرے ٹپک رہے ہیں ، اور جب سر اٹھائیں گے تو موتی کی طرح قطرے ڈھلکتے نظر آئیں گے ۔ ان کے سانس کی ہوا جس کافر تک پہنچے گی ......اور وہ ان کی حد نظر تک جائے گی ....وہ زندہ نہ بچے گا ۔ پھر ابن مریم دجال کا پیچھا کریں گے اور لُدّ (واضح رہے کہ لُدّ (Lyddu) فلسطین میں ریاست اسرائیل کے دار السلطنت تل ابیب سے چند میل کے فاصلے پر واقع ہے اور یہودیوں نے وہاں بہت بڑا ہوائی اڈہ بنا رکھا ہے ۔) کے دروازے پر اسے جا پکڑیں گے اور قتل کر دیں گے ۔

(۱۱)۔عن عبد اللہ بن عمرو قال قال رسول اللہ ﷺ یخرج الدجال فی امتی فیمکث اربعین (لا ادری اربعین یوماً اواربعین شھراً او ربعین عاماً) فیبعث اللہ عیسیٰ بن مریم کانہ عُروۃ بن مسعود فیطلبہ ثم یمکث الناس سبع سنین لیس بین اثنین عداوۃ (مسلم ، ذکر الدجال)

عبداللہ بن عاص کہتے ہیں کہ رسُول اللہ صلی اللہ علیہ وآلہ وسلم نے فرمایا : دجال میری امت میں نکلے گا اور چالیس (میں نہیں جانتا چالیس دن یا چالیس مہینے یا چالیس سال) (یہ حضرت عبداللہ بن عمرو بن عاص کا اپنا قول ہے) رہے گا۔ پھر اللہ عیسیٰ ابن مریم کو بھیجے گا۔ ان کا حلیہ عُروہ بن مسعود (ایک صحابی) سے مشابہ ہوگا۔ وہ اس کا پیچھا کریں گے اور اسے ہلاک کردیں گے، پھر سات سال تک لوگ اس حال میں رہیں گے کہ دو آدمیوں کے درمیان بھی عداوت نہ ہوگی۔

(۱۲)۔عن حذیفۃ بن اسید الفاری قال اطلع النبی ﷺ علینا و نحن نتذاکر فقال ما تذکرون قالو انذ کر السّاعۃ قال انھالن تقوم حتیٰ ترون قبلھا عشرآیات فذکر الدخان و الدجال و الدابۃ و طلوع الشمس من مغربھا و نزول عیسیٰ ابن مریم ویاجوج و ماجوج و ثلثۃ خسوف، خسف بالمشرق و خسف بالمغرب، وخسف بجزیرۃ العرب، و أخر ذٰلک نار تخرج من الیمن تطرد الناس الیٰ محشرھم (مسلم : کتاب الملاحم، باب امارات الساعہ)

حُذیفہ بن اسید الغفاری کہتے ہیں کہ ایک مرتبہ نبی صلی اللہ علیہ وآلہ وسلم ہماری مجلس میں تشریف لائے اور ہم آپس میں بات چیت کررہے تھے۔ آپ نے پوچھا کیا بات ہو رہی

ہے ؟ لوگوں نے عرض کیا ہم قیامت کا ذکر کر رہے تھے۔ فرمایا وہ ہر گز قائم نہ ہو گی جب تک اس سے پہلے دس نشانیاں ظاہر نہ ہو جائیں۔ پھر آپ نے وہ دس نشانیاں یہ بتائیں : (۱) دھُواں، (۲) دجال، (۳) دابۃ الارض، (۴) سورج کا مغرب سے طلوع ہونا (۵) عیسیٰ ابنِ مریم کا نزول، (۶) یاجوج و ماجوج، (۷) تین بڑے خَسَف (زمین دھس جانا (Landslide)، ایک مشرق میں، (۸) دوسرا مغرب میں، (۹) تیسرا جزیرۃ العرب میں، (۱۰) سب سے آخر میں ایک زبردست آگ جو یمن سے اٹھے گی اور لوگوں کو ہانکتی ہوئی محشر کی طرف لے جائے گی۔

(۱۳)۔ عن ثوبان مولیٰ رسول اللہ ﷺ عن النبی صلی اللہ و سلم عصابتان من امتی احرز هما اللہ تعالیٰ من النار۔ عصابۃ تغز و الهند، وعصابۃ تکون مع عیسیٰ ابن مریم علیہ السلام (نسائی، کتاب الجهاد۔ مسند احمد، بسلسلہ روایات ثُوبان)

نبی ﷺ کے آزاد کردہ غلام ثوبان روایت کرتے ہیں کہ حضورؐ نے فرمایا ''میری امت کے دو لشکر ایسے ہیں جن کو اللہ نے دوزخ کی آگ سے بچا لیا۔ ایک وہ لشکر جو ہندوستان پر حملہ کرے گا۔ دوسرا وہ جو عیسیٰ ابن مریمؑ کے ساتھ ہو گا۔

(۱۴)۔عن مُجمِّع بن جاریۃ قال سمعت رسول اللہ ﷺ یقول یقتل ابنُ مریم الدّجال بباب لُدّ (مسند احمد۔ ترمذی، ابواب الفتن)

مُجمّع بن جاریۃ انصاری کہتے ہیں، میں نے رسول اللہ صلی اللہ علیہ وآلہٖ وسلم سے سنا ہے کہ ابن مریم دجال کو لُدّ کے دروازے پر قتل کریں گے۔

(۱۵)۔ عن ابی اُمامۃ الباھلی (فی حدیث طویل فی ذکر الدجال) فبینما امامھم قد تقدم یصلّی بھم الصنح اذ نزل علیھم عیسیٰ بن مریم فرجع ذٰلک الامام ینکص یمشی تھقریٰ لیتقدم عیسیٰ فیضع عیسیٰ یدہ بین کتفیہ ثم یقول لہٗ تقدم فصل فانھا لک اقیمت فیصلی بھم امامھم فاذا انصرف قال عیسیٰ علیہ السسلام افتحوا الباب فیفتح و وراءہ الدجال و معہ سبعون الفیھودی کلھم ذوسیف محلی وساج فاذانظر الیہ الدجال ذاب کما یذوب الملح فی الماء وینطلق ھا رباً ویقول عیسیٰ ان لی جیک ضربۃلن تسبقنی بھا فیدرکہ عندباب اللُّدِّ الشرقی فیھزم اللہ الیھود..... وتملأالارض منالمسلم کما یملأالا ناء من الماء وتکون الکلمۃ واحدۃ فلا یعبد الا اللہ تعالیٰ (ابن ماجہ، کتاب الفتن، باب فتنۃ الدجال)

ابو اُمامہ باہلی (ایک طویل حدیث میں دجال کا ذکر کرتے ہوئے) روایت کرتے ہیں کہ عین اس وقت جب مسلمانوں کا امام صبح کی نماز پڑھانے کے لیے آگے بڑھ چکا ہوگا۔ عیسیٰ ابن مریم اُن پر اُتر آئیں گے۔ امام پیچھے پلٹے گا تاکہ عیسیٰؑ آگے بڑھیں، مگر عیسیٰ اس کے شانوں کے درمیان ہاتھ رکھ کر کہیں گے کہ نہیں تم ہی نماز پڑھاؤ کیونکہ یہ تمہارے لیے ہی کھڑی ہوئی ہے۔ چنانچہ وہی نماز پڑھائے گا۔ سلام پھیرنے کے بعد عیسیٰ علیہ السلام کہیں گے کہ دروازہ کھولو، چنانچہ وہ کھولا جائے گا۔ باہر دجال ۷۰ ہزار مسلح یہودیوں کے ساتھ موجود ہوگا۔ جوں ہی کہ عیسیٰ علیہ السلام پر اس کی نظر پڑے گی وہ اس طرح گھُلنے لگے گا جیسے نمک پانی میں گھُلتا ہے اور وہ بھاگ نکلے گا۔ عیسیٰ کہیں گے میرے پاس تیرے لیے ایک ایسی ضرب ہے جس سے تو بچ کر نہ جا سکے گا پھر وہ اُسے لُدّ کے مشرقی دروازے پر لے جائیں گے اور اللہ یہودیوں کو ہرا دے گا...... اور زمین مسلمانوں سے اس طرح بھر جائے گی جیسے برتن پانی سے بھر جائے۔ سب دنیا کا کلمہ ایک ہو جائے گا اور اللہ تعالیٰ کے سوا کسی کی عبادت نہ ہوگی۔

(۱۶)۔عن عثمان بن ابی العاص قال سمعت رسول اللہ ﷺ یقول .. ... و ینزل عیسیٰ ابن مریم علیہ السلام عند صلوۃ الفجر فیقول لہ

امیرھم یا روح اللہ تقدم، صلِّ، فیقول ھٰذہ الامۃ بعضھم امراء علیٰ فیتادم امیرھم فیصلی، فاذا قضیٰ صلوٰتہٗ اخذ عیسیٰ حربتہٗ فیذھب نحوالدجال فاذایراہ الدجال ذاب کما یذوب الرصاص فیضع حربتہ بین شندوبتہ فیقتلہٗ وینھزم اصحابہ لیس یومعِذ شیء یواری منھم احداحتیٰ ان الشجر لیقول یا مومن ھٰذا کافرو یقول الحجر یا مومن ھٰذا کافر (مُسند احمد۔ طُبرانی۔ حاکم)

عثمان بن ابی العاص کہتے ہیں کہ میں نے رسول اللہ علیہ وسلم کو یہ فرماتے سنا ہے ....اور عیسیٰ ابن مریم علیہ السلام فجر کی نماز کے وقت اُتر آئیں گے۔

مسلمانوں کا امیر ان سے کہے گا اے رُوح اللہ آپ نماز پڑھایئے۔ سہ جواب دیں گے کہ اس امت کے لوگ خود ہی ایک دوسرے پر امیر ہیں۔ تب مسلمانوں کا امیر آگے بڑھ کر نماز پڑھائے گا۔ پھر نماز سے فارغ ہو کر عیسیٰ اپنا حربہ لے کر دجال کی طرف چلیں گے۔ وہ جب ان کو دیکھے گا تو اس طرح پگھلے گا جیسے سیسہ پگھلتا ہے۔ عیسیٰ علیہ السلام اپنے حربے سے اس کو ہلاک کر دیں گے اور اس کے ساتھی شکست کھا کر بھاگیں گے مگر کہیں انہیں چھپنے کو جگہ نہ ملے گی،

حتیٰ کہ درخت پکاریں گے اے مومن، یہ کافر یہاں موجود ہے اور پتھر پکاریں گے کہ اے مومن، یہ کافر یہاں موجود ہے۔

(۱۷)۔ عن سمرة بن جُندُب عن النبیﷺ (فی حدیث طویل) فیصبح فیھم عیسیٰ ابن مریم فیھزمہ اللّٰہ و جنودہ حتیٰ ان اجذم الحائط و اصل الشجر لی نادی یا مومن ھٰذا کافر یستتر بی فتعال اقتلہ۔

سَمُرہ جُندُب (ایک طویل حدیث میں) نبی ﷺ سے روایت کرتے ہیں، پھر صُبح کے وقت مسلمانوں کے درمیان عیسیٰ ابن مریم آجائیں گے اور اللہ دجال اوراس کے لشکروں کو شکست دے گا یہاں تک کہ دیواریں اور درختوں کی جڑیں پکار اٹھیں گی کہ اے مومن، یہ کافر میرے پیچھے چھپا ہوا ہے، آ اور اسے قتل کر۔

(۱۸)عن عمران بن حصین انّ رسول اللّٰہ علیہ و سلم قال لا تزال طائفۃ من امتی علی الحق ظاھرین علیٰ من نوأھم حتیٰ یاتی امر اللّٰہ تبارک و تعالیٰ و ینزل عیسیٰ ابن مریم علیہ السلام۔ (مُسند احمد)

عمران بن حصین سے روایت ہے کہ رسول اللہ ﷺ نے فرمایا: میری اُمت میں ہمیشہ ایک گروہ ایسا موجود رہے گا جو حق پر قائم اور مخالفین پر بھاری ہوگا یہاں

تک کہ اللہ تبارک و تعالیٰ کا فیصلہ آجائے اور عیسیٰ ابنِ مریم علیہ السلام نازل ہو جائیں۔

(۱۹)عن عائشۃؓ (فی قصۃ الدّجال) فینزل عیسیٰ علیہ السلام فیقتلہ ثم یمکث عیسیٰ علیہ السلام فی الارض اربعین سنۃ اماماً عادلاً حَکَماً مُقسطاً۔ (مسند احمد)

حضرت عائشہؓ (دجال کے قصّے میں) روایت کرتی ہیں : پھر عیسیٰ علیہ السلام اتریں گے اور دجال کو قتل کریں گے۔ اس کے بعد عیسیٰ علیہ السلام چالیس سال تک زمین میں ایک امامِ عادل اور حاکم منصف کی حیثیت سے رہیں گے۔''

(۲۰)۔ عن سفینۃ مولیٰ رسول اللہ ﷺ (فی قصۃ الدجّال) فینزل عیسیٰ الیہ السالم فیقتلہ اللہ تعالیٰ عند عقبۃ اُفیق۔ (مسند احمد)

رسول اللہ صلی اللہ علیہ وآلہٖ وسلم کے آزاد کردہ غلام سفینہ (دجال کے قصے میں) روایت کرتے ہیں : پھر عیسیٰ علیہ السلام نازل ہوں گے اور اللہ تعالیٰ دجال کو اُفیق (اَفیق، جسے آج کل رفیق کہتے ہیں، شام اور اسرائیل کی سرحد پر موجودہ ریاست شام کا آخری شہر ہے۔ اس کے آگے مغرب کی جانب چند میل کے فاصلہ پر طَبریہؔ نامی جھیل

ہے جس میں سے دریائے اُردُن نکلتا ہے، اوراس کے جنوب مغرب کی طرف پہاڑوں کے درمیان ایک نشیبی راستے کو عَقَبہ اَفیق کی گھاٹی کہتے ہیں۔) کی گھاٹی کے قریب ہلاک کردے گا۔

(۲۱)۔عن حذیفۃ (فی ذکر الدجال) فلما قاموا یصلّون نزل عیسیٰ بن مریم امامہم فصلّی بہم فلما انصرف قال ھٰکذا امرکوا بینی و بین عدو اللہ.........و یسلط اللہ علیہم المسلمین فیقتلو نہم حتیٰ ان الشجر و الحجر لی نادی یا عبد اللہ یا عبد الرحمٰن یا مسلم ھٰذا الیھودی فقتلھم فیفنیھم اللہ تعالیٰ و یظھر المسلمون فیکسرون الصلیب ویقتلون الخنزیر ویضعون الجزیۃ (مستدرک حاکم۔ مسلم میں بھی یہ روایت اختصار کے ساتھ آئی ہے۔ اور حافظ ابن حجر نے فتح الباری جلد ٦ ص، ۴۵ میں اسے صحیح قرار دیا ہے)

حضرت حُذَیفہ بن یَمان (دجال کا ذکر کرتے ہوئے) بیان کرتے ہیں: ''پھر جب مسلمان نماز پڑھنے کے لیے کھڑے ہوں گے تواُن کی آنکھوں کے سامنے عیسیٰ ابن مریم اتر آئیں گے اور وہ مسلمانوں کو نماز پڑھائیں گے پھر سلام پھیرنے کے بعد لوگوں سے کہیں گے کہ میرے اوراس دشمن خدا کے درمیان سے ہٹ

جاؤ ....اور اللہ دجال کے ساتھیوں پر مسلمانوں کو مسلط کر دے گا اور مسلمان انھیں خوب ماریں گے یہاں تک کہ درخت اور پتھر پکار اٹھیں گے اے عبداللہ، اے عبدالرحمٰن، اے مسلمان، یہ رہاایک یہودی، مار اسے۔ اس طرح اللہ ان کو فنا کر دے گا اور مسلمان غالب ہوں گے اور صلیب توڑ دیں گے، خنزیر کو قتل کر دیں گے اور جزیہ ساقط کر دیں گے۔

یہ جملہ ۲۱ روایات ہیں جو ۱۴ صحابیوں سے صحیح سندوں کے ساتھ حدیث کی معتبر ترین کتابوں میں وارد ہوئی ہیں۔ اگر چہ ان کے علاوہ دوسری بہت سی احادیث میں بھی یہ ذکر آیا ہے، لیکن طولِ کلام سے بچنے کے لیے ہم نے ان سب کو نقل نہیں کیا ہے بلکہ صرف وہ روایتیں لے لی ہیں جو سند کے لحاظ سے قوی تر ہیں۔

اِن احادیث سے کیا ثابت ہوتا ہے؟

جو شخص بھی ان احادیث کو پڑھے گا وہ خود دیکھ لے گا کہ ان میں کسی ''مسیح موعود'' یا ''مثیلِ مسیح'' یا ''بروزِ مسیح'' کا سرے سے کوئی ذکر ہی نہیں ہے۔ نہ ان میں اس امر کی کوئی گنجائش ہے کہ کوئی شخص اِس زمانے میں کسی ماں کے پیٹ اور کسی باپ کے نُطفے سے پیدا ہو کر یہ دعویٰ کر دے کہ میں ہی وہ مسیح ہوں جس کے آنے کی سیّدنا محمد صلی اللہ علیہ وآلہ وسلم نے پیشن گوئی فرمائی تھی۔ یہ تمام حدیثیں صاف اور صریح الفاظ میں اُن عیسیٰ علیہ السلام کے نازل ہونے کی خبر دے رہی ہیں جواب سے دو ہزار سال پہلے باپ کے بغیر حضرت مریمؑ کے بطن سے پیدا ہوئے تھے۔ اس مقام پر یہ بحث چھیڑنا بالکل لاحاصل ہے کہ وہ وفات پا چکے ہیں یا زندہ کہیں موجود ہیں۔ بالفرض وہ وفات ہی پا چکے ہوں تو اللہ انہیں زندہ کر کے اُٹھا لانے پر قادر ہے (جو لوگ اس بات کا انکار کرتے ہیں انہیں سورۃ بقرہ کی

آیت نمبر ۲۵۹ ملاحظہ فرمالینی چاہیے جس میں اللہ تعالیٰ صاف الفاظ میں فرماتا ہے کہ اس نے اپنے ایک بندے کو ۱۰۰ برس تک مُردہ رکھا اور پھر زندہ کر دیا فَاَمَاتَہُ مِائَۃَ عامٍ ثُمَّ بَعَثَہٗ)، وگرنہ یہ بات بھی اللہ کی قدرت سے ہرگز بعید نہیں ہے کہ وہ اپنے کسی بندے کو اپنی کائنات میں کہیں ہزارہا سال تک زندہ رکھے اور جب چاہے دنیا میں واپس لے آئے۔ بہرحال اگر کوئی شخص حدیث کو مانتا ہو تو اُسے یہ ماننا پڑے گا کہ آنے والے سہی عیسیٰ ابن مریمؑ ہوں گے۔ اور اگر کوئی شخص حدیث کو نہ مانتا ہو تو وہ سرے سے کسی آنے والے کی آمد کا قائل ہی نہیں ہو سکتا، کیونکہ آنے والے کی آمد کا عقیدہ احادیث کے سوا کسی اور چیز پر مبنی نہیں ہے۔ لیکن یہ ایک عجیب مذاق ہے کہ آنے والے کی آمد کا عقیدہ تو لے لیا جائے احادیث سے اور پھر انہی احادیث کی اس تصریح کو نظر انداز کر دیا جائے کہ وہ آنے والے عیسیٰ ابن مریمؑ ہوں گے نہ کہ کوئی مثیلِ مسیح۔

دوسری بات جو اتنی ہی وضاحت کے ساتھ ان احادیث سے ظاہر ہوتی ہے وہ یہ ہے کہ حضرت عیسیٰ ابن مریم علیہ السلام کا یہ دوبارہ نزول نبی مقرر ہو کر آنے والے شخص کی حیثیت سے نہیں ہوگا۔ نہ ان پر وحی نازل ہوگی، نہ وہ خدا کی طرف سے کوئی نیا یا کوئی نئے احکام لائیں گے، نہ وہ شریعت محمدی میں کوئی اضافہ یا

کوئی کمی کریں گے، نہ ان کو تجدید دین کے لیے دنیا میں لایا جائے گا، نہ وہ آ کر لوگوں کو اپنے اوپر ایمان لانے کی دعوت دیں گے، اور نہ وہ اپنے ماننے والوں کی ایک الگ اُمت بنائیں گے (علماء اسلام نے اس مسئلے کو پوری وضاحت کے ساتھ بیان کر دیا ہے۔ علامہ تفتازانی (۷۲۲ھ۔ ۷۹۲ھ) شرح عقائد نُسفی میں لکھتے ہیں :

ثبت انہ أخر النبیاء۔۔۔ فان قیل قد روی فی الحدیث نزول عیسی علیہ السلام بعدہ قلنا نعم لکنہ یتابع محمد علیہ السلام لان شریعۃ قد نسخت لا یکون الیہ و حی و لا نصب احکام بل یکون خلیفۃ رسول اللہ علیہ السلام (طبع مصر، ص ۱۳۵)

دوسری بات جو اتنی ہی وضاحت کے ساتھ ان احادیث سے ظاہر ہوتی ہے وہ یہ ہے کہ حضرت عیسی ابن مریم علیہ السلام کا یہ دوبارہ نزول نبی مقرر ہو کر آنے والے شخص کی حیثیت سے نہیں ہوگا۔ نہ ان پر وحی نازل ہوگی، نہ وہ خدا کی طرف سے کوئی نیا پیغام یا نئے احکام لائیں گے، نہ وہ شریعتِ محمدی میں کوئی اضافہ یا کوئی کمی کریں گے، ان کو تجدید دین کے لیے دنیا میں لایا جائے گا، نہ وہ آ کر لوگوں کو اپنے اوپر ایمان لانے کی دعوت دیں گے، اور نہ وہ اپنے ماننے والوں

کو ایک الگ امت بنائیں گے۔ (علماء نے اس مسئلے کو پوری وضاحت کے ساتھ بیان کر دیا ہے۔ علامہ تفتازانی (۷۲۲ھ۔ ۷۹۲ھ) شرح عقائد نسفی میں لکھتے ہیں: یہ ثابت ہے کہ محمد ﷺ آخری نبی ہیں۔۔۔ اگر کہا جائے کہ آپ کے بعد عیسی علیہ السلام کے نزول کا ذکر احادیث میں آیا ہے، تو ہم کہیں گے کہ ہاں، آیا ہے، مگر وہ محمد ﷺ کے تابع ہوں گے، کیونکہ ان کی شریعت تو منسوخ ہو چکی ہے، اس لیے نہ ان کی طرف وحی ہوگی اور نہ وہ احکام مقرر کریں گے، بلکہ وہ رسول اللہ ﷺ کے نائب کی حیثیت کام کریں گے۔ اور یہی بات علامہ آلوسی تفسیر روح المعانی میں کہتے ہیں:

ثماله علیہ السلام حین ینزل باق علی نبوتہ السابقۃ لم یعزل عنها بحال لکنہ لا یتعبد بها لنسخها نی حقہ وحق غیر ہ وتکلیفہ باحکام ہذا الشریعۃ اصلاً وفرعاً فلا یکون الیہ علیہ السلام وحی ولا نصب احکام بدیکون خلیفہ لرسول اللہ صلی اللہ لعیہ و سلم وحاکما من حکام ملتہ بین امتہ (جلد ۲۲۔ ص ۳۲)

پھر، عیسی علیہ السلام جب نازل ہوں گے تو وہ اپنی سابق نبوت پر باقی ہوں گے، بہر حال اس سے معزول تو نہ ہو جائیں گے، مگر وہ اپنی پچھلی شریعت کے پیرو

نہ ہوں گے کیونکہ وہ ان کے اور دوسرے سب لوگوں کے حق میں منسوخ ہو چکی ہے، اور اب وہ اصول اور فروغ مین اس شریعت کی پیروی پر تکلف ہوں گے، لہذا ان پر نہ اب وحی آئے گی اور نہ انہیں انہیں احکام مقرر کرنے کا اختیار ہو گا، بلکہ وہ رسول اللہ ﷺ کے نائب اور آپ کی امت میں ملت محمدیہ کے حاکموں میں سے ایک حاکم کی حیثیت سے کام کریں گے۔

امام رازی اس بات کو اور زیادہ وضاحت کے ساتھ اس طرح بیان کرتے ہیں :

انتہاء الانبیاء الی مبعث محمد صلی اللہ علیہ و سلم فعند مبعثہ انتھت تلک المدۃ لا یبعد ان یصیر (ای عیسی ابن مریم) بعد نزولہ تبعاً لمحمدؐ

(تفسیر کبیر، ج۔ ۳۔ ص ۳۴۳)

انبیاء کا دور محمد ﷺ کی بعثت تک تھا۔ جب آپ ﷺ مبعوث ہو گئے تو انبیاء کی آمد کا زمانہ ختم ہو گیا۔ اب یہ بات بعید از قیاس نہیں ہے کہ حضرت عیسیٰ نازل ہونے کے بعد محمد ﷺ کے تابع ہوں گے۔

وہ صرف ایک کار خاص بھیجے جائیں گے، اور وہ یہ ہو گا کہ دجال کے فتنے کا استیصال کر دیں۔ اس غرض کے لیے وہ ایسے طریقے سے نازل ہوں گے کہ

جن مسلمانوں کے درمیان ان کا نزول ہوگا، انہیں اس امر میں کوئی شک نہ رہے گا کہ یہ عیسیٰ ابن مریم ہی ہیں جو رسول اللہ ﷺ کی پیشین گوئیوں کے مطابق ٹھیک وقت پر تشریف لائے ہیں۔ وہ آکر مسلمانوں کی جماعت میں شامل ہو جائیں گے، جو بھی مسلمانوں کا امام اس وقت ہوگا اسی کے پیچھے نماز پڑھیں گے (اگرچہ دو روایتوں (نمبر ۵ و ۲۱) میں بیان کیا گیا ہے کہ حضرت عیسی علیہ السلام نازل ہونے کے بعد پہلی نماز خود پڑھائیں گے، لیکن بیشتر اور قوی تر روایات (نمبر ۳، ۷، ۱۵، ۱۶) یہی کہتی ہیں کہ وہ نماز میں امامت کرانے سے انکار کریں گے اور جو اس وقت مسلمانوں کا امام ہوگا اسی کو آگے بڑھائیں گے۔ اسی بات کو محدثین اور مفسرین نے بالاتفاق تسلیم کیا ہے۔) اور جو بھی اس وقت مسلمانوں کا امیر ہوگا اسی کو آگے رکھیں گے، تاکہ اس شبہ کی کوئی ادنیٰ سی گنجائش بھی نہ رہے کہ وہ اپنی سابق پیغمبرانہ حیثیت کی طرح اب پھر پیغمبری کے فرائض انجام دینے کے لیے واپس آئے ہیں۔ ظاہر ہے کہ کسی جماعت میں اگر خدا کا پیغمبر موجود ہو تو نہ اس کا کوئی امام دوسرا شخص ہو سکتا ہے اور نہ امیر۔ پس جب وہ مسلمانوں کی جماعت میں آکر محض ایک فرد کی حیثیت سے شامل ہوں گے تو یہ گویا خود بخود اس امر کا اعلان ہو گا کہ وہ پیغمبر کی حیثیت سے تشریف نہیں لائے

ہیں، اوراس بنا پر ان کی آد سے مہر نبوت کے ٹوٹنے کا قطعاً کوئی سوال پیدا نہ ہو گا۔

ان کا آنا بلا تشبیہ اسی نوعیت کا ہو گا جیسے ایک صدر ریاست کے دور میں کوئی سابق صدر آئے اور وقت کے صدر کی ماتحتی میں مملکت کی کوئی خدمت انجام دے۔ ایک معمولی سمجھ بوجھ کا آدمی بھی یہ بات بخوبی سمجھ سکتا ہے کہ ایک صدر کے دور میں کسی سابق صدر کے محض آجانے سے آئین نہیں ٹوٹتا۔ البتہ دونوں صورتوں میں آئین کی خلاف ورزی لازم آتی ہے۔ ایک یہ کہ سابق صدر آکر پھر سے فرائض صدارت سنبھالنے کی کوشش کرے۔ دوسرے یہ کہ کوئی شخص کی سابق صدارت کا بھی انکار کر دے، کیونکہ یہ ان تمام کاموں کے جواب کو چیلنج کرنے کا ہم معنی ہو گا جو اسکے دور صدارت میں انجام پائے تھے۔ ان دونوں صورتوں میں سے کوئی صورت بھی نہ ہو تو بجائے خود سابق صدر کی آمد آئینی پوزیشن میں کوئی تبدیلی نہیں کر سکتی۔ یہی معاملہ حضرت عیسیٰ کی آمد ثانی کا بھی ہے کہ ان کے محض آجانے سے ختم نبوت نہیں ٹوٹتی۔ البتہ اگر وہ آکر پھر نبوت کا منصب سنبھال لیں اور فائض نبوت انجام دینے شروع کر دیں، یا کوئی شخص ان کی سابق نبوت کا بھی انکار کر دے تو اس سے اللہ تعالیٰ کے آئین نبوت کی خلاف

وری لازم آئے گی۔ احادیث نے پوری وضاحت کے ساتھ دونوں صورتوں کا سدباب کر دیا ہے۔ ایک طرف وہ تصریح کرتی ہیں کہ محمد ﷺ کے بعد کوئی نبوت نہیں ہے۔ اور دوسری طرف وہ خبر دیتی ہیں کہ عیسی ابن مریمؑ دوبارہ نازل ہوں گے۔ اس سے صاف ظاہر ہو جاتا ہے کہ ان کی یہ آمد ثانی منصب نبوت کے فرائض انجام دینے کے لیے نہ ہوگی۔

اسی طرح ان کی آمد سے مسلمانوں کے اندر کفر و ایمان کا بھی کوئی نیا سوال پیدا نہ ہوگا۔ ان کی سابقہ نبوت پر تو آج بھی اگر کوئی ایمان نہ لائے تو کافر ہو جائے۔ محمد ﷺ خود ان کی اس نبوت پر ایمان رکھتے تھے اور آپ کی ساری امت ابتداء سے ان کی امت ہے۔ یہی حیثیت اس وقت بھی ہوگی۔ مسلمان کسی تازہ نبوت پر ایمان نہ لائیں گے بلکہ عیسی ابن مریم علیہ السلام کی سابقہ نبوت پر ہی ایمان رکھیں گے جس طرح آج رکھتے ہیں۔ یہ چیز نہ آج ختم نبوت کے خلاف ہے نہ اس وقت ہوگی۔

آخری بات جو ان احادیث سے، اور بکثرت دوسری احادیث سے بھی معلوم ہوتی ہے وہ یہ ہے کہ دجال، جس کے فتنہ عظیم کا استیصال کرنے کے لیے حضرت عیسی ابن مریم علیہ السلام کو بھیجا جائے گا، یہودیوں میں سے ہوگا اور

اپنے آپ کو ''مسیح'' کی حیثیت سے پیش کرے گا۔ اس معاملے کی حقیقت کوئی شخص نہیں سمجھ سکتا جب تک وہ یہودیوں کی تاریخ اور ان کے مذہبی تصورات سے واقف نہ ہو۔ حضرت سلیمان علیہ السلام کی وفات جب نبی اسرائیل پے در پے تنزل کی حالت میں بمتلا ہوتے چلے گئے، یہاں تک کہ آخر کار بابل اور اسیریا کی سلطنتوں نے ان کو غلام بنا کر زمین میں تتر بتر کر دیا، تو انبیائے بنی اسرائیل نے ان کو خوشخبری دینی شروع کی کہ خدا کی طرف سے ایک ''مسیح'' آنے والا ہے جو ان کو اس ذلت سے نجات دلائے گا۔ ان پیشین گوئیوں کی بنا پر یہودی ایک مسیح کی آمد کے متوقع تھے جو بادشاہ ہو، لڑ کر ملک فتح کرے، بنی اسرائیل کو ملک ملک سے اکر فلسطین میں جمع کر دے، اور ان کی ایک زبردست قائم کر دے۔ لیکن ان کی ان توقعات کے خلاف جب حضرت عیسیٰ ابن مریم علیہ السلام خدا کی طرف سے مسیح ہو کر آئے اور کوئی لشکر ساتھ نہ لائے تو یہودیوں نے ان کی مسیحیت تسلیم کرنے سے انکار کر دیا اور انہیں ہلاک کرنے کے در پے ہو گئے۔ اس وقت سے آج تک دنیا بھر کے یہودی اس مسیح موعود (Promised Messiah) کے منتظر ہیں جس کے آنے کی خوشخبریاں ان کو دی گئی تھیں۔ ان کا لٹریچر اس آنے والے دور کے سہانے خوابوں سے بھرا

پڑا ہے۔ تلمود: اور ربیوں کے ادبیات میں اس کا جو نقشہ کھینچا گیا ہے۔ اس کی خیالی لذت کے سہارے صدیوں سے یہودی جی رہے ہیں اور یہ امید لئے بیٹھے ہیں کہ یہ مسیح موعود ایک زبردست جنگی و سیاسی لیڈر ہو گا جو دریائے نیل سے دریائے فرات تک کا علاقہ (جسے یہودی اپنی میراث کا ملک سمجھتے ہیں) انہیں واپس دلائے گا، اور دنیا کے گوشے گوشے سے یہودیوں کو لا کر اس ملک میں پھر سے جمع کر دے گا۔

اب اگر کوئی شخص مشرقِ وسطیٰ کے حالات پر ایک نگاہ ڈالے اور نبی صلی اللہ علیہ وآلہٖ وسلم کی پیشین گوئیوں کے پس منظر میں ان کو دیکھے تو وہ فوراً یہ محسوس کرے گا کہ اس دجال اکبر کے ظہور کے لیے اسٹیج بالکل تیار ہو چکا ہے جو حضور کی دی ہوئی خبروں کے مطابق یہودیوں کا ''مسیح موعود'' بن کر اٹھے گا۔ فلسطین کے بڑے حصے سے مسلمان بے دخل کیے جا چکے ہیں اور وہاں اسرائیل کے نام سے ایک یہودی ریاست قائم کر دی گئی ہے۔ اس ریاست میں دنیا بھر کے یہودی کھنچ کھنچ کر چلے آ رہے ہیں۔ امریکہ، برطانیہ اور فرانس نے اس کو ایک زبردست جنگی طاقت بنا دیا ہے۔ یہودی سرمائے کی بے پایاں امداد سے یہودی سائنس داں اور ماہرین فنون اس کو روز افزوں ترقی دیتے چلے جا رہے ہیں، اور اس کی یہ طاقت

گرد و پیش کی مسلمان قوموں کے لیے ایک خطرہ عظیم بن گئی ہے۔ اس ریاست کے لیڈروں نے اپنی اس تمنا کو کچھ چھپا کر نہیں رکھا ہے کہ وہ اپنی ''میراث کا ملک'' حاصل کرنا چاہتے ہیں۔ مستقبل کی یہودی سلطنت کا جو نقشہ وہ ایک مدت سے کھلم کھلا شائع کر رہے ہیں اسے مقابل کے صفحے پر ملاحظہ فرمایئے۔ اس سے ظاہر ہو کہ وہ پورا شام، پورا لبنان پورا اردن اور تقریباً سارا عراق لینے کے علاوہ ترکی سے اسکندرون، مصر سے سینا اور ڈیلٹا کا علاقہ اور سعودی عرب سے بالائی حجاز و نجد کا علاقہ لینا چاہتے ہیں جس میں مدینہ منورہ بھی شامل ہے۔ ان حالات کو دیکھتے ہوئے صاف محسوس ہوتا ہے کہ آئندہ کسی عالمگیر جنگ کی ہڑبونگ سے فائدہ اٹھا کر وہ ان علاقوں پر قبضہ کرنے کی کوشش کریں گے اور ٹھیک اس موقع پر وہ دجال اکبر ان کا مسیح موعود بن کر اٹھے گا جس کے ظہور کی خبر دینے ہی پر نبی صلی اللہ علیہ وآلہ وسلم نے اکتفا نہیں فرمایا ہے بلکہ یہ بھی بتا دیا ہے کہ اس زمانے میں مسلمانوں پر مصائب کے ایسے پہاڑ ٹوٹیں گے کہ ایک دن ایک سال کے برابر محسوس ہوتا ہو گا۔ اسی بناء پر آپ فتنۂ دجال سے خود بھی خدا کی پناہ مانگتے تھے اور اپنی امت کو بھی پناہ مانگنے کی تلقین فرماتے تھے۔

اس مسیح دجال کا مقابلہ کرنے کے لیے اللہ تعالیٰ کسی مثیل مسیح کو نہیں بلکہ اس اصل مسیح کو نازل فرمائے گا جسے دو ہزار برس پہلے یہودیوں نے ماننے سے انکار کر دیا تھا اور جسے وہ اپنی دانست میں صلیب پر چڑھا کر ٹھکانے لگا چکے تھے۔ اس حقیقی مسیح کے نزول کی جگہ ہندوستان یا افریقہ یا امریکہ میں نہیں بلکہ دمشق میں ہوگی کیونکہ یہی مقام اس وقت عین محاذ جنگ پر ہوگا۔ براہ کرم دوسرے صفحے پر نقشہ ملاحظہ فرمائیے۔ اس میں آپ دیکھیں گے کہ اسرائیل کی سرحد سے دمشق بمشکل ۵۰۔ ۶۰ میل کے فاصلے پر ہے۔ پہلے جو احادیث ہم نقل کر آئے ہیں ان کا مضمون اگر آپ کو یاد ہے تو آپ کو یہ سمجھنے میں کوئی زحمت نہ ہوگی کہ مسیح دجال ۷۰ ہزار یہودیوں کا لشکر لے کر شام میں گھسے گا اور دمشق کے سامنے جا پہنچے گا۔ ٹھیک اس نازک موقع پر دمشق کے مشرقی حصے میں ایک سفید مینار کے قریب حضرت عیسیٰؑ ابن مریم صبح دم نازل ہوں گے اور نماز فجر کے بعد مسلمانوں کو اس کے مقابلے پر لے کر نکلیں گے۔ ان کے حملے سے دجال پسپا ہو کر افیق کی گھاٹی سے (ملاحظہ ہو حدیث نمبر ۲۱) اسرائیل کی طرف پلٹے گا اور وہ اس کا تعاقب کریں گے۔ آخر کار لُد کے ہوائی اڈے پر پہنچ کر وہ ان کے ہاتھوں مارا جائے گا (حدیث نمبر ۱۰، ۱۴، ۱۵) اس کے بعد یہودی چن چن کر قتل کیے جائیں

گے اور ملت یہود کا خاتمہ ہو جائے گا (حدیث نمبر ۹، ۱۵، ۲۱) عیسائیت بھی حضرت عیسیٰؑ کی طرف سے اظہار حقیقت ہو جانے کے بعد ختم ہو جائے گی۔ (حدیث نمبر ۱، ۲، ۴، ۶) اور تمام ملتیں ایک ہی ملت مسلمہ میں ضم ہو جائیں گی (حدیث نمبر ۶۔ ۱۵)

یہ ہے وہ حقیقت جو کسی اشتباہ بغیر احادیث میں صاف نظر آتی ہے۔ اس کے بعد امر میں کیا شک باقی رہ جاتا ہے کہ ''مسیح موعود'' کے نام سے جو کاروبار ہمارے ملک میں پھیلایا گیا ہے وہ ایک جعل سازی سے بڑھ کر کچھ نہیں ہے۔

اس جعل سازی کا سب سے زیادہ مضحکہ انگیز پہلو یہ ہے کہ جو صاحب اپنے آپ کو ان پیشن گوئیوں کا مصداق قرار دیتے ہیں انہوں نے خود ابن مریم بننے کے لیے یہ دلچسپ تاویل فرمائی ہے:

''اس نے (یعنی اللہ تعالیٰ نے) براہینِ احمدیہ کے تیسرے حصے میں میرا نام مریم رکھا۔ پھر جیسا کہ براہین احمدیہ سے ظاہر ہے، دو برس تک صفت مریمیت میں میں نے پرورش پائی۔۔۔ پھر۔۔۔ مریم کی طرح عیسی کی روح مجھ سے نفخ کی گئی اور استعارے کے رنگ میں مجھے حاملہ ٹھہرایا گیا، اور آخر کئی مہینے کے بعد جو

دس مہینے سے زیادہ نہیں، بذریعہ اس الہام کے جو سب سے آخر براہین احمدیہ کے حصہ چہارم میں درج ہے، مجھے مریم سے عیسیٰ بنا دیا گیا۔ پس اس طور سے میں ابن مریم ٹھہرا۔'' (کشتی نوح۔ ص ۸۷، ۸۸، ۸۹)

یعنی پہلے مریم بنے، پھر خود ہی حاملہ ہوئے، پھر اپنے پیٹ سے آپ عیسیٰ ابن مریم بن کر تولد ہو گئے! اس کے بعد یہ مشکل پی آئی کہ عیسی ابن مریم کا نزول تو احادیث کی رو سے دمشق میں ہوتا تھا جو کئی ہزار برس سے شام کا ایک مشہور و معروف مقام ہے اور آج بھی دنیا کے نقشے پر اسی نام سے موجود ہے۔ یہ مشکل ایک دوسری پر لطف تاول سے یوں رفع کی گئی:

''واضح ہو کہ دمشق کے لفظ کی تعبیر میں میرے پر منجانب اللہ یہ ظاہر کیا گیا ہے کہ اس جگہ ایسے قصبے کا نام دمشق رکھا گیا ہے جس میں ایسے لوگ رہتے ہیں جو یزیدی الطبع اور یزید پلید کی عادات اور خیالات کے پیرو ہیں۔۔۔ یہ قصبہ قادیان بوجہ اس کے کہ اکثر یزیدی الطبع لوگ اس میں سکونت رکھتے ہیں دمشق سے ایک مشابہت اور مناسبت رکھتا ہے''۔ (حاشیہ ازالہ اوہام ص ۶۳۔ ۷۳)

پھر ایک اور الجھن یہ باقی رہ گئی کہ احادیث کی رو سے ابن مریم کو ایک سفید منارہ کے پاس اترنا تھا۔ چنانچہ اس کا حل یہ نکالا گیا کہ مسیح صاحب نے آ کر اپنا منارہ خود بنوا لیا۔ اب اسے کون دیکھتا ہے کہ احادیث کی رو سے منارہ وہاں ابن مریمؑ کے نزول سے پہلے موجود ہونا چاہیئے تھا، اور یہاں وہ مسیح موعود صاحب کی تشریف آوری کے بعد تعمیر کیا گیا۔

آخری اور زبردست الجھن یہ تھی کہ احادیث کی رو سے تو عیسی ابن مریم کو لُد کے دروازے پر دجال کو قتل کرنا تھا۔ اس مشکل کو رفع کرنے کی فکر میں پہلے طرح طرح کی تاویلیں کی گئیں۔ کبھی تسلیم کیا گیا کہ لُد بیت المقدس کے دیہات میں سے ایک گاؤں کا نام ہے (ازالہ اوہام، شائع کردہ انجمن احمدیہ لاہور، تبقیطع خورد، صفحہ ۲۲۰) پھر کہا گیا کہ ''لُد ان لوگوں کو کہتے ہیں جو بے جا جھگڑا کرنے والے ہوں۔۔۔ جب دجال کے بیجا جھگڑے کمال تک پہنچ جائیں گے تب مسیح موعود ظہور کرے گا اور اس کے تمام جھگڑوں کا خاتمہ کر دے گا'' (ازالہ اوہام، صفحہ ۷۳۰) لیکن جب اس سے بھی بات نہ بنی تو صاف کہہ دیا گیا کہ لُد سے مراد لدھیانہ ہے اور اس کے دروازے پر دجال کے قتل سے مراد ہے کہ اشرار کی مخالفت

کے باوجود وہیں سب سے پہلے مرزا صاحب کے ہاتھ پر بیعت ہوئی (الہدیٰ ص ۹۱)

ان تاویلات کو جو شخص بھی کھلی آنکھوں سے دیکھے گا اسے معلوم ہو جائے گا کہ یہ جھوٹے بہروپ (false impersonation) کا صریح ارتکاب ہے جو علی الاعلان کیا گیا ہے۔

***

www.ingramcontent.com/pod-product-compliance
Lightning Source LLC
LaVergne TN
LVHW010841051026
849532LV00007B/2785